David Markson

Wittgenstein's Mistress

L'auteur

Françoise Palleau-Papin est agrégée d'anglais, ancienne élève de l'École Normale Supérieure de Fontenay-Saint-Cloud et professeur de littérature de langue anglaise à l'université Sorbonne Paris Nord, dont elle dirige l'unité de recherche Pléiade (https://pleiade.univ-paris13.fr/). Elle est l'auteur d'une monographie sur David Markson (ENS-Éditions, 2007, traduction en anglais : Dalkey Archive, 2011), d'un ouvrage sur *My Ántonia*, de Willa Cather (Atlande, 2016), et d'un sur *Carpentaria*, d'Alexis Wright (Atlande, 2021). Elle a dirigé une étude critique d'un roman de William T. Vollmann (Presses Sorbonne Nouvelle, 2009, traduction en anglais : Peter Lang, 2016).

Université Sorbonne Paris Nord - Unité de recherche Pléiade.

La collection *Clefs concours Anglais* est dirigée par
Elizabeth Soubrenie.

Direction scientifique des *Clefs concours* : **Philippe Lemarchand**.

Édition et mise en page : Marina Genel

ISBN : 978-2-35030-918-7

CLEFS CONCOURS ANGLAIS-LITTÉRATURE

Françoise Palleau-Papin

David Markson

Wittgenstein's Mistress

Atlande

SOMMAIRE

NOTICE

Un système de circulation entre fiches est proposé en cours de texte. Exemple : (v. Les végétaux).

Les renvois à la bibliographie sont indiqués entre crochets. Par exemple, [Tabbi, 1990, p. 92] renvoie à l'ouvrage de J. Tabbi de 1990 cité dans la bibliographie. Les références bibliographiques citées en cours de texte sont des références annexes ne figurant pas dans la bibliographie.

INTRODUCTION

L'habitude de dire que David Markson est un auteur confidentiel reste tenace depuis qu'il ne l'est plus, c'est-à-dire depuis le succès de son roman *Wittgenstein's Mistress* en 1988, qui marqua son entrée dans le panthéon sélectif des auteurs de Dalkey Archive. En 1990, cette maison d'édition publie par exemple la prose de Louis Zukofsky, plus connu pour sa poésie. Ou encore, elle publie Nicholas Mosley, dont le roman *Serpent* évoque la révolte de Massada au premier siècle de notre ère, et réédite le premier roman de Djuna Barnes, *Ryder*. L'adoubement officiel vint d'un numéro de *The Review of Contemporary Fiction* en 1990, de la même équipe éditoriale que Dalkey Archive (le fondateur John O'Brien, 1945-2020, et un éditeur et critique talentueux, Stephen Moore, né en 1951), numéro consacré aux écrivains John Barth et David Markson. Les œuvres souvent monumentales et répétitives de John Barth (né en 1930) étaient plus célèbres que celles de Markson (1927-2010), au moment de leur publication. La maison Dalkey Archive est connue aussi pour ses traductions en anglais d'écrivains français, dont Jacques Roubaud, ou, plus tard, Nathalie Sarraute (*Le Planétarium* est traduit en 2005), ou encore des auteurs de P. O. L. comme Claude Ollier. Malgré le risque commercial, la traduction se vendant peu aux États-Unis, John O'Brien a souhaité ouvrir sa maison d'édition à un rayonnement international, dans un rôle de passeur entre les traditions littéraires. Ce n'est pas par hasard que, sous l'impulsion de Steven Moore, sa maison prit la décision de publier un roman à nul autre pareil, si peu nord-américain en apparence, avec un titre aguicheur et énigmatique, mais à l'intrigue improbable et guère romanesque, puisque le philosophe autrichien Ludwig Wittgenstein était mort en 1951, sans maîtresse connue, ni popularité dans la presse à scandale en ce qui concerne sa vie privée.

Le rayonnement international de Markson est récent. Il ne figure pas dans l'*Histoire de la littérature américaine : notre demi-siècle, 1939-1989*, de Pierre-Yves Pétillon, publiée chez Fayard en 1992. La publication du roman en espagnol date de 1989 (*La Amante de Wittgenstein*, traduit par

Mariano Peyrou, éditions Destino, réédité chez Sextopiso, à Mexico et à Madrid, en 2022) ; celle en allemand de 2013 (*Wittgensteins Mätresse*, Berlin Verlag, traduit par Sissi Tax) ; celle en italien de 2016 (*L'Amante di Wittgenstein*, Edizioni Clichy, traduit par S. Reggiani et M. Testa) ; celle en néerlandais de 2019 (*Wittgenstein's Minnares*, Uitgeverij Van Oorschot, traduit par Robbert-Jan Henkes), celle en polonais de 2022 (*Kochanka Wittgensteina*, Państwowy Instytut Wydawniczy, traduit par Krzysztof Majer). Celle en français date de 1991, dans la traduction de l'écrivain Martin Winckler, pour P.O.L. Ensuite, un seul roman a été traduit en français par Claro, en 2007 : *Arrêter d'écrire* (le Cherche-Midi).

En 1988, à partir de la première édition en anglais, il ne s'agit pas d'un succès immédiat des ventes, mais de la constitution solide et progressive d'un lectorat inscrit dans la durée et dans la transmission d'une génération de lecteurs à une autre, au fil des réimpressions de l'ouvrage, dont la dernière en date pour le programme de l'agrégation d'anglais en France, au printemps 2023. Avec ce roman, Markson est désormais entré dans le cénacle, la collection que son éditeur appelle "Dalkey Archive Essentials : Classics from the Dalkey Archive catalog", où il côtoie Nathalie Sarraute, Marguerite Young, Flann O'Brien (dont un roman est à l'origine du nom de la maison d'édition), et Anne Carson, entre autres. Pour cette étude, cette dernière édition est utilisée, tandis que l'édition précédente était jusqu'alors celle de référence pour la critique (avec une pagination différente). La première édition présentait l'avantage d'une postface de Steven Moore, nettement plus structurée et intéressante que celle de David Foster Wallace dans l'édition de référence retenue pour le programme d'agrégation 2024. L'ouvrage a quarante et une années de vie éditoriale, il est toujours disponible en librairie, ce qui est une gageure pour la littérature dite contemporaine, dans un marché très concurrentiel et à la mémoire généralement courte. Il n'est pas question ici d'un effet de mode ni de consommation littéraire immédiate, mais d'un phénomène typique d'une époque désormais lointaine, les années 80, à l'occasion d'un ouvrage précurseur dont on cherchera ici à analyser les interrogations qu'il ouvre encore.

Markson a ses lecteurs, fidèles comme réticents, qui se régalent de son originalité ou qui s'agacent de sa mélancolie, à moins que ce soit à chaque fois un mélange des deux réactions, exprimant toujours une surprise. Il met les lecteurs dans une position d'incertitude devant la répétition multiple avec modifications d'un texte qui pose plus de questions qu'il ne suggère de réponses, sur un mode narratif énigmatique. Il suggère une analyse à poursuivre, une épistémologie tacite et sans développement, des amorces de philosophie inscrites dans un univers romanesque à peine ébauché, une fiction qui se méfie de la fiction, qui échappe aux certitudes, qui intrigue ou qui lasse, ou même, qui déstabilise.

REPÈRES

LES ANNÉES 60, 70 ET 80

Contexte

Markson publie de la littérature depuis 1956, d'abord une nouvelle dans un périodique à grande diffusion (*The Saturday Evening Post*), puis des romans grand public : trois polars, dont un, *Epitaph for a Tramp*, traduit en français dans la célèbre collection "Série noire", chez Gallimard, sous le titre *Épitaphe pour une garce*, en 1972, dans une traduction très libre et vive de Jacques Hall. Au milieu des années 60, il publie un pastiche de Western, *The Ballad of Dingus Magee* (1965), qui marque une transition vers la littérature plus exigeante, encore sous ses aspects comiques. La parodie est hilarante, le plaisir de la narration quasi rabelaisien dans les excès du vernaculaire, les sauts de registre, la jubilation linguistique qui mène à tambour battant l'intrigue loufoque vers son apothéose comique. La notoriété faillit venir par le cinéma, mais l'échec complet de l'adaptation du roman parodique fit tourner court la veine grand public de Markson. Frank Sinatra jouait le rôle de Dingus Magee, sans la verve ni la vivacité que l'auteur avait données au personnage ; avec pudeur devant le fiasco, on peut simplement affirmer que son jeu d'acteur n'arrive pas à la hauteur de ses talents de "crooner" et qu'il est incapable d'autodérision, ce qui est bien gênant dans une parodie mettant en scène un anti-héros présent dans presque chaque scène. Il est intéressant de remarquer que Markson ne publie plus de romans polars ni de "divertissement" comique ensuite ("entertainment", dit-il), mais qu'il entame la deuxième phase de sa carrière, celle des récits elliptiques et de plus en plus fragmentaires à partir de *Going Down* (1970).

Dans le courant des écrivains nés entre les deux guerres mondiales, Markson s'inscrit en faux contre le groupe qu'on a appelé la "Beat Generation". S'il connaissait assez Jack Kerouac pour l'héberger quand celui-ci venait à New York, Markson n'a jamais poussé l'expérimentation littéraire plus loin que les pastiches qu'il a inclus dans ses polars à la limite de la satire du genre, à la suite de sa parodie d'un roman du Far Ouest. Il a aussi pastiché Kerouac au cours d'une soirée où des amis écrivains étaient réunis chez lui : son texte figure dans l'un de ses polars, *Epitaph for a Dead Beat* (p. 155-156) [PALLEAU-PAPIN, 2007, p. 48]. Selon ses dires, Kerouac s'est vexé du pastiche très moqueur, qui imitait certains tics de l'écrivain, comme le rythme effréné et le rebond répétitif de ses phrases sans pause [TABBI, 1990, p. 92]. Son allégeance vient de plus loin, tel un héritier du modernisme plus ciselé, plus mesuré que les écrivains de la "Beat Generation", dont il se revendique plus que d'une écriture contestataire à la manière de Jack Kerouac, de Allen Ginsberg ou de William Burrows. Au moment où Kerouac composait son roman *On the Road* (1957) sur le mode d'une phrase qui ne cesse de se déployer, selon une énergie tendue à l'infini, et où, en un cri poétique dans *Howl* (1956), Ginsberg allongeait le vers libre d'une force déclamatoire qui débordait des cadres plus anciens de la poésie en vers, Markson commençait quant à lui à tronquer ses phrases dans *Going Down* (écrit en 1960-61, publié en 1970), à en ciseler chaque paragraphe, qu'il réduisait de plus en plus d'un roman au suivant, au point d'en arriver, dans *Wittgenstein's Mistress,* à des paragraphes limités à une phrase souvent brève, ou à des phrases scindées en paragraphes successifs, lapidaires, orchestrant le silence dans chaque retour à la ligne. Son cri à lui n'est pas déclamatoire : il inclut le silence d'une réflexion tacite, laisse un espace à la sidération d'une colère rentrée, mais paradoxalement théâtralisée par le blanc typographique, non sans un humour distancié, qui fait sourire, mais sans éclat de rire.

Sans affiliation à la "Beat Generation", on ne peut pas non plus parler pour Markson d'affinité avec le post-modernisme, mais plutôt d'un néo-modernisme nourri de sa culture moderniste assez classique, ce que Marjorie Perloff appelle "21st-Century Modernism", parce qu'elle voit une "relation spéciale entre le début du XXe et le début du XXIe siècles" [PERLOFF, 2002, p. 164, citée par CORDIER-NOËL, 2011, p. 10].

Biographie de David Markson

De la biographie de l'auteur, on ne relèvera ici que ce qui peut permettre de contextualiser ses romans, dont en particulier celui qui fait l'objet de la présente étude. La notice biographique reproduite fidèlement en annexe en fin de ce volume est celle que l'écrivain m'a confiée dans une correspondance privée. Elle permet de suivre une chronologie qui résume la vie officielle de Markson, telle qu'il l'a lui-même mise en page, en l'absence de biographie complète à ce jour. L'esquisse qui suit est de mon fait, à partir d'observations personnelles ou de témoignages.

Markson est né en 1927 à Albany, dans une famille juive dont les grands-parents, côté paternel comme maternel, avaient émigré d'Europe centrale et s'étaient établis à Kingston à la toute fin du XIXe siècle. Kingston comme Albany étaient des hauts lieux de l'histoire de l'Indépendance américaine, dans l'État de New York, au nord de la métropole du même nom, sur la rive droite du fleuve Hudson. Si l'écrivain était largement sécularisé et résolument américanisé, son identité juive compte assez pour que ses deux relations de couple durables soient avec deux femmes d'origine juive, elles aussi. Il se marie avec Elaine Kretchmar (en 1956), avec qui il fonde une famille, puis, après leur séparation, fréquente pendant dix ans l'artiste peintre new-yorkaise Joan Semmel (qui n'évoque pas, quant à elle, la judéité dans son œuvre picturale ni dans ses entretiens). Il mentionne en passant, dans les conversations, la judéité d'écrivains majeurs qu'il connut ou qu'il fréquenta, très brièvement dans le cas de Philippe Roth (dont il a longtemps gardé un chèque en souvenir, sans l'encaisser), ou plus longuement et avec une réelle amitié, en ce qui concerne William Gaddis ou Gilbert Sorrentino. Dès le premier entretien qu'il m'accorda en 2002, il me montra avec fierté une petite pierre sur le rebord intérieur de sa fenêtre, qu'il avait ramassée à Massada, au cours d'un voyage en Israël. Située dans le désert de Judée, cette forteresse antique avait été prise par des rebelles juifs qui opposaient une résistance farouche aux Romains, en particulier après la prise de Jérusalem. Ce lieu est célèbre pour un épisode historique dramatique : l'assaut de la forteresse par les Romains au premier siècle. À l'issue d'un siège de sept mois, devant l'imminence de la défaite, les Hébreux préférèrent commettre un suicide collectif, plutôt que survivre en tant que prisonniers ou esclaves convertis de force. La judéité de Markson est donc plus importante dans son parcours que ses débuts d'écrivain ne laissaient penser. Une fois dépassés les polars au ton humoristique de la dérision, dans la lignée de Raymond Chandler, mais d'un Chandler qui aurait évolué dans le New York des années 60, une fois réglés les comptes avec le genre du récit du Far West parodié avec beaucoup d'humour dans *The Ballad of Dingus Magee*, l'essentiel de l'œuvre s'inscrit dans une interrogation tacite : celle de savoir ce qui motive l'humanité dans sa folie meurtrière et, en particulier, ce qui a conduit la culture occidentale dans des guerres qui, depuis la guerre de Troie jusqu'au XXe siècle, ont fait advenir la Shoah en Europe. Si ses grands-parents avaient fui les pogroms, si sa famille avait échappé à l'anéantissement des Juifs d'Europe, le complexe du survivant, même distancié par une immigration lointaine, après deux générations d'implantation, reste un achoppement majeur pour lui ; c'est peut-être à l'origine d'une forme d'un malaise diffus et combatif qui, aux dires de plusieurs proches de l'écrivain, caractériserait une tendance paranoïaque de sa personnalité.

L'AUTEUR ET LE ROMAN

Le roman dans la carrière de Markson

Outre la notoriété qu'il apporta à son auteur, le roman marqua une étape cruciale dans le mode de composition de l'écrivain. Il s'écoule onze ans entre la publication de *Springer's Progress* (1977) et celle de *Wittgenstein's Mistress* (en 1988, sans tenir compte des délais entre l'écriture du manuscrit et sa publication), puis huit ans encore avant celle du roman suivant, *Reader's Block* (1996), qui est le premier d'une tétralogie, dont les volumes publiés successivement sont de facture semblable à celle de *Reader's Block*. Les intervalles assez longs donnent le temps de la réflexion formelle et narrative ; ils révèlent, à chaque étape de sa création nouvelle, une affirmation renforcée de l'écriture marksonnienne, qui se précise dans son idiosyncratisme et qui ose pousser plus loin l'aspect fragmentaire et non conventionnel du découpage de la prose en paragraphes. J'ai bien écrit l'aspect, au sens visuel du mot : un simple coup d'œil sur les pages des trois romans successifs montre la fragmentation accrue des paragraphes au fil des publications, tandis que la liaison de la pensée et celle de la syntaxe demeurent, à leur manière, comme l'a montré une excellente thèse de doctorat, celle de Sophie Cordier-Noël (on y reviendra).

Le roman *Springer's Progress* a encore une facture en apparence traditionnelle, avec des découpages en grandes parties et des chapitres numérotés : la première partie comporte 21 chapitres, la deuxième 36, la troisième 22, et la quatrième 35. Mais cette structure signalée par la numérotation marque déjà une approche de la fragmentation, puisque le roman ne comporte que 234 pages au total, ce qui, sur un total de 114 chapitres, revient à une moyenne de seulement deux pages par chapitre (sans compter les pages blanches des changements de section). À titre d'exemple, le dernier chapitre est simplement constitué d'une phrase elliptique : "Being continued" (p. 234), qui reprend la dernière phrase du chapitre 31 dans la même partie, avec un simple changement de ponctuation. La composition en reprise et la syntaxe de phrases courtes qui poursuivent une argumentation précédente, mais plus éloignée, voilà déjà, dans ce roman de 1977, les marques de fabrique du mode romanesque marksonien. En outre, la manie citationnelle y figure aussi, le plus souvent ironique, parfois avec de fausses attributions, telle celle-ci, proposée en fin d'un chapitre consacré aux joies érotiques, après un retour à la ligne et un saut de ligne qui la mettent en relief: "Gather ye rosebuds while ye may. Martin Luther?" (p. 21); la citation du poète anglais Robert Herrick (1591-1674) est bien éloignée de la doctrine de Luther, puisque le célèbre poème s'intitule "To the Virgin, to Make Much of Time" et reprend le thème de son prédécesseur Ronsard, dans son invitation à saisir le jour et à jouir de l'instant présent. Proposer Martin Luther comme auteur de cette citation, même avec un point d'interrogation, c'est un humour potache et provocateur qui invite le lecteur à une complicité amicale.

Dans ce roman, les dialogues sont encore marqués par des guillemets qui indiquent les voix de plusieurs personnages croisés au bar et qui les distinguent de la voix narrative intradiégétique, celle de Lucien Springer. Pour ces raisons, entre autres, ce roman est le laboratoire où sont menés tous les essais préparatoires à *Wittgenstein's* Mistress, mais sur un ton jubilatoire et dans un contexte différent. La thématique de la solitude y est aussi abordée, bien que le personnage narrateur soit très entouré par ses amis du bar et par ses conquêtes amoureuses, sans doute parce que son addiction à l'alcool l'isole, même au milieu d'une foule, dans son bar favori de Greenwich Village, "The Lion's Head".

Avant toute chose, c'est un roman d'expérimentation littéraire, où plusieurs écrivains sont évoqués, pastichés, ou même accumulés en centon (un texte entièrement composé de citations), où des styles très différents se côtoient, ainsi que plusieurs tons et niveaux de langue, du plus parlé au plus écrit. Dès l'incipit, de facture archaïsante, le rythme et les sonorités semblent davantage imiter la poésie allitérative des troubadours qu'inaugurer un récit en prose: "There's Springer, sauntering through the wilderness of this world" (p. 3). Cet incipit présente des doublets allitératifs en /s/, puis en /w/ ; il sautille thématiquement par son contenu et prosodiquement par son style, dans les accélérations ternaires de ses dactyles ("sautering", "wilderness"), en une prose aux rebonds cadencés dignes d'un pentamètre. Marie-Claude Profit, la première (à ma connaissance) à avoir écrit un article universitaire sur David Markson, parle dans ce roman d'un doublet "citation / incitation" [Profit, 2000, p. 70] entre les amants dont les joutes amoureuses sont un prétexte au plaisir citationnel du texte, communicatif pour les lecteurs qui s'amusent de la reconnaissance et partagent le plaisir de références communes. C'est un hymne à l'art d'écrire et de lire que le roman met en scène, bien plus que les tribulations d'un narrateur volage et alcoolique.

Si le roman *Springer's Progress* marque encore la différence entre les dialogues et la voix narrative de manière claire, les paragraphes sont pour la plupart très brefs, comme si toute la narration imitait les répliques courtes des échanges dans le groupe d'amis plantés devant le comptoir du bar "The Lion's Head", où se déroulent de nombreuses scènes, quand elles ne sont pas situées dans un lit, théâtre d'ébats érotiques et littéraires. Les pensées de Springer en son for intérieur sont données comme des commentaires elliptiques des dialogues qui les précèdent, souvent en fin de chapitre, comme ce dialogue entre Lucien Springer et sa femme Dana au sujet de leurs difficultés financières, dont le dernier paragraphe conclut, du point de vue de Springer: "Does deplore leaving her in depression, though. Takes that fine paranoid edge off his own" (p. 189). La dernière phrase, très brève, résume des concepts psychanalytiques complexes, au point de dire sans dire, ou d'effleurer des problèmes que Springer a du mal à aborder autrement que par des paroles laconiques et elliptiques. Le pronom réflexif "off his own" permet l'élision du substantif après "own", laissant au lecteur le soin de compléter ce que Springer n'arrive pas vraiment à élaborer: faut-il comprendre *"Takes that fine paranoid edge off his own *depression"*? Compatir à la dépression de sa femme permettrait-il à Lucien d'estomper la tendance à la paranoïa qui accompagne sa propre dépression? Faut-il deviner qu'un mouvement d'empathie, même momentané, permettrait ainsi de contrarier le cercle vicieux de l'agressivité du paranoïaque qui, en temps ordinaire, se sent toujours menacé par les autres? Mais, condensée à l'extrême dans la formulation, l'argumentation psychanalytique reste assez obscure et nécessite une lecture lente et attentive, une élaboration ou même une sorte d'exégèse qui contrarie l'élan jubilatoire des passages enlevés et le rythme staccato des répliques avec leurs retours à la ligne, nombreux dans le roman. Entre la rapidité des phrases et la lenteur de leur compréhension, entre la fuite en avant d'un personnage de jouisseur effréné et la dépression de ce même personnage de narrateur alcoolique, il y a déjà dans cet ouvrage primesautier quelque chose de la stase de *Wittgenstein's Mistress* et du côté obsessionnel et répétitif de ses manies narratives, quoiqu'habilement masqués par un élan érotique, d'un appétit de vivre quasi-rabelaisien. De la même manière brève, par phrases paragraphes qui s'enchaînent sans développement, dans *Wittgenstein's Mistress,* les dialogues de la narratrice avec des philosophes, artistes ou créateurs sont cette fois intégrés au discours de celle-ci, d'une façon que Mathieu Duplay appelle un "faux dialogisme" : "ce dialogisme résiduel s'apparente à une forme de dédoublement ; c'est toujours la même voix qui parle sous des déguisements plus ou moins convaincants, et l'apparente polyphonie est obtenue grâce à des effets d'écho" [DUPLAY, 2005, p. 135].

Genèse du roman. Influences.

La genèse du roman remonte à loin, puisque, dans sa manie citationnelle comme dans ses influences plus tacites, c'est celle de toute une éducation littéraire et culturelle. La figure tutélaire avouée, et même revendiquée, est celle de Malcolm Lowry, qui fut un père symbolique en littérature comme en addiction, la dive bouteille comblant pour l'un comme pour l'autre les béances des angoisses existentielles, dont celle de la page blanche pour Markson. Le poète gallois Dylan Thomas fut un autre exemple d'admiration et d'émulation, jusqu'à sa mort d'un coma éthylique à New York, après une beuverie au bar où Markson l'avait rencontré, le légendaire établissement White Horse Tavern (567 Hudson Street) dans Greenwich Village. Mais les figures tutélaires viennent de plus loin. Il suffit de dresser la liste des jeux avec la littérature dans les polars déjà, c'est-à-dire *Epitaph for a Tramp* (1959) et *Epitaph for a Dead Beat* (1961), ou dans le roman *Springer's Progress* (1977), pour voir que le pastiche ou la dérision vont de pair avec un véritable hommage. La liste des influences récurrentes y est spectaculaire, de Shakespeare à T. S. Eliot, en passant par une foule d'écrivains et de poètes. Quant au ton dramatique que prennent les romans à partir de *Going Down* (1970), c'est chez les écrivains russes qu'il trouve vraisemblablement son origine.

Markson avait édité une anthologie de textes d'écrivains russes en 1956. Il porte aux nues Dostoïevski dans sa correspondance (lettre à F. Palleau-Papin, 13 septembre 2003). Ces textes, rassemblés en un mince volume, ont été réédités en 1963, et révèlent certaines préoccupations de l'écrivain responsable du volume, dès le début de sa carrière. Le texte qui ouvre le recueil est une nouvelle de Maxime Gorki, "Lullaby", du même titre "Berceuse" dans la traduction française, issue du recueil *Esquisses et récits* (publié en 1898, après des parutions dans des périodiques). Ce recueil fit la célébrité de l'écrivain et fut traduit dans plusieurs langues. Gorki y évoque les laissés-pour-compte de la société russe (d'avant la Révolution). Dans "Berceuse", le narrateur fait par hasard la connaissance d'un enfant aux jambes atrophiées qui vit dans une caisse, lorsque le narrateur sauve sa mère alcoolique et syphilitique d'une nuit dans la boue où elle se vautrait dans son désespoir, en la ramenant chez elle. Le narrateur découvre qu'il porte le même prénom que l'enfant et se projette dans sa situation comme s'il s'agissait d'un double infortuné, mais doté d'une capacité surprenante à survivre dans l'abjection. Par contraste avec l'isolement extrême de l'enfant, tant physique que social, la noirceur du tableau fait ressortir le moment lumineux où le petit Lenka décrit ses "amis" au narrateur. Le jeune garçon capture des insectes dans des boîtes d'allumettes, et s'en entoure comme d'une ménagerie d'animaux apprivoisés. Lenka a donné un prénom à une araignée, à un cafard, à une mouche. Il leur a inventé une histoire anthropocentrique, celle d'un personnage de la société humaine, en une galerie de caricatures qui exploitent les pauvres. À la fin de la nouvelle, malgré son état désespéré, la mère chante à son fils une berceuse qui évoque la dureté de la vie, et le narrateur en est bouleversé en s'éloignant.

Quand il ne reste plus rien pour nourrir le corps ou l'esprit, l'enfant s'entoure des animaux souvent les plus déconsidérés dans l'échelle des espèces et fait de cette ménagerie minuscule des compagnons d'infortune, à l'image d'une société qu'il met ainsi à distance, comme s'il avait encore une interaction avec elle, par le jeu. Plus de trente ans après la publication de cette anthologie, avec la nouvelle de Gorki ainsi mise à l'honneur en ouverture du recueil, le roman *Wittgenstein's Mistress* poussera encore plus loin le cas d'école, en prenant pour intrigue l'isolement absolu d'un personnage central et sa vision du monde en dehors du moindre contact, puisque la narratrice n'aura plus d'interaction avec quiconque, animal ou humain, et que les seuls animaux qu'elle évoque ne sont plus que des souvenirs ou des abstractions, du temps où les animaux existaient encore.

Le roman entretient davantage de rapports avec le genre littéraire du recueil d'aphorismes, de florilèges ou de fragments qu'avec celui du roman traditionnel, avec une suite dans les idées, mais guère d'intrigue. C'est un roman d'idées, comme le résume l'écrivaine Joanna Scott : "Suspense is generated not by action but by thought. The sparks fly when the narrator's consciousness is pushed to the edge of understanding" [Scott, 2010].

Réduisant la temporalité du personnage à un minimum, mais élargissant la spécularité de la réflexion historico-philosophique à plusieurs millénaires, l'intrigue ne permet pas le développement de l'action ; son fil narratif semble régi par la stase et l'examen d'une époque ou d'une civilisation, presque à la manière de Cioran (1911-1995) dans ses écrits aphoristiques d'un pessimisme souvent nihiliste, du moins en ce qui concerne la forme fragmentaire, plus que le fond. Est-ce par une méfiance envers une pensée de système, totalisante comme une théorie philosophique qui prétendrait rendre compte du monde dans son ensemble, que l'écriture de Markson évolue toujours davantage vers des paragraphes de plus en plus décousus au fil de son œuvre ? Ou bien est-ce, au contraire, une façon de souligner que les fragments suggèrent l'assemblage d'une poterie brisée, dont les tessons donneraient assez d'indications pour souligner l'objet manquant, pour délimiter les contours de son volume désormais absent et pour réfléchir à sa structure ?

En 1978, dix ans avant *Wittgenstein's Mistress*, Georges Pérec publie *Je me souviens* (chez P.O.L), qui reprend la forme de *I Remember* de Joe Brainard, publié en 1975. Pérec dédie son ouvrage à un camarade oulipien, Harry Mathews, lui-même brillant écrivain de romans sous contraintes (en anglais), et membre de l'OuLiPo. Joe Brainard était aussi un artiste peintre, qui travaillait le collage et l'assemblage dans ses œuvres picturales. Quel que soit leur support, ces écrivains et artistes des années 70 remettent en question la cohérence de l'œuvre d'art et sa prétention à dépeindre le monde, dans leurs compositions parfois paradoxalement hyper-cohérentes, ou, du moins, d'une cohérence inattendue. Commencer tout fragment d'une compilation par "Je me souviens" permet à la fois un grand éclectisme des souvenirs évoqués et une uniformité formelle lancinante de répétition. L'ouvrage de Pérec est suivi d'un index, qui semble révéler une tentative de classement et de totalisation, comme si le paratexte invitait à ordonner le hasard de la mémoire, à moins que ce soit l'inconscient de l'écrivain narrateur, et à garder la maîtrise de l'accumulation des souvenirs, oscillant sans cesse entre la perte du moment disparu et la maîtrise de son agencement dans la liste uniformisée par la contrainte. Dans tous les cas, l'œuvre par collages de souvenirs ou d'aphorismes pose la question du lien entre le monde et la création, puisque l'écriture de fiction se mêle de fragments qui semblent extraits du monde réel ou qui les analysent, tels des faits ou des objets véhiculés par une mémoire collective.

Composition

J'ai pu décrire, dans une étude monographique de l'œuvre de David Markson, sa recherche d'une parenté littéraire choisie et ses affinités pour l'écriture sous contrainte, telle qu'elle apparaît dans les centons de *Springer's Progress*, avec ses passages entièrement composés de citations littéraires. Mais c'est un autre type de composition que Markson inaugure avec *Wittgenstein's Mistress*, plus fragmentaire que dans son roman précédent, sans chapitrage ni développement classique d'une idée par paragraphe, comme si le retour à la ligne devenait un principe de composition, phrase après phrase, ou presque.

Le roman ne se laisse pas découper en parties de sa première page à sa dernière ; il résiste au découpage en sections et au chapitrage de manière fondamentale, pas seulement par la mise en page et le recours au retour à la ligne. Certains sujets abordés par la voix narrative reviennent de manière très récurrente et plus ou moins régulière, avec une progression, mais sans ordonnancement linéaire ni résolution de partie, qui conclurait sur une partie avant d'aborder un autre sujet. On peut parler, dans ce cas précis, d'une composition en spirale. La spirale est une courbe qui progresse par translation sur un axe, outre ses révolutions autour de cet axe. Les révolutions ne sont donc pas statiques, bien qu'elles tournent inlassablement, et, si la répétition du cycle donne l'impression d'un retour, ce n'est pas un retour à l'identique, mais un déplacement dans deux dimensions, déployé dans un volume. La translation qui décale le point de révolution sur un axe peut donner l'impression d'infini : elle est d'autant plus infinie que le roman résiste à l'idée même de conclusion, la fin refusant la clôture du récit, ou proposant toujours de la différer, malgré des pages d'anamnèse à la fin du roman.

Il y a dans ce roman un vertige de la répétition, voire de la ratiocination, qui pourtant échappe au retour à l'identique, comme si le personnage gardait la mémoire du parcours, à moins que ce soit le lecteur qui garantisse la progression sur l'axe de translation, en réalisant par la lecture une mise en relation des fragments, et en faisant la part des choses entre la répétition et l'avancement du personnage, la narratrice étant quant à elle plus souvent du côté de la stase. Si le personnage donne l'impression de tourner en rond dans ses ressassements, les nouvelles juxtapositions des fragments proposent parfois de nouvelles associations d'idées, comme une analyse d'une parole en thérapie peut faire surgir un nœud inconscient dans le système fermé et autocentré de l'analysant. Il n'y aurait pas pour autant de profondeur psychologique du personnage, puisque Kate reste toujours en deçà du développement d'un personnage qui serait riche, rond, ou multiple, mais un nouvel agencement des possibles dans la logique de la composition et un nouveau nœud des fils narratifs, comme une sorte d'inconscient du texte qui serait contenu dans sa composition, à défaut de l'être dans une quelconque psychologie du personnage narrateur. La narratrice reste un personnage plat, sans intériorité.

Abusivement, on peut choisir de l'appeler Kate, parce que ce personnage est issu de la nouvelle "Healthy Kate" qui servit d'ébauche au roman (publiée en 1986, republiée en 1990 en version corrigée dans *The Review of Contemporary Fiction*), et parce que David Markson l'appelait ainsi lorsqu'il évoquait son roman, mais la narratrice reste anonyme dans *Wittgenstein's Mistress* (publié en 1988). Après un passage où elle affirme faire croire qu'elle s'appellerait Helen, mais où elle signale sa supercherie ("To tell the truth, I may even have made believe that I was Helen, once." p. 140), un autre passage suggère même qu'elle s'appellerait finalement Helen, dans ce fragment de la fin du roman tout du moins, comme si elle était, à ce moment précis de l'énonciation, l'émule de la femme mythique qu'on déclara être à l'origine de la guerre de Troie. À moins qu'elle soit un avatar de la peintre Helen Frankenthaler (1928-2011), mentionnée à deux reprises (p. 82 et p. 234), représentante de l'expressionnisme abstrait dans les années 60, célèbre pour sa peinture de toiles non enduites qu'elle imprégnait de champs de couleur comme d'une teinture, dans l'État de New York et à Long Island, où le personnage évolue : "You will never know how much it has meant to me that you are an artist, Helen, my mother having said, the very afternoon before" (p. 252). C'est donc par un hors-texte que son prénom lui est (abusivement) donné dans un autre texte de fiction, avec l'*imprimatur* de l'auteur. Par rigueur narratologique, on pourrait plus strictement la désigner seulement par sa fonction de narratrice.

Sans nom bien déterminé, le personnage a un métier qui est en revanche plus précis, puisque plusieurs passages la montrent peintre, quand elle parle d'enduire ses toiles, avec des considérations professionnelles correspondant à cette activité. Elle aborde successivement des réflexions sur des auteurs, artistes, philosophes ou figures connues, par petites touches successives, qui font souvent appel à la citation. Celle-ci peut être plus ou moins fidèle, ou bien attribuée ironiquement à l'une ou l'autre source, selon le passage, ou bien fausse et anachronique ; elle peut changer d'attribution au cours du roman, invitant au rapprochement d'une phrase à une autre, les phrases étant parfois espacées de nombreuses pages, comme à 146 pages d'intervalle, où il est affirmé avec une ironie provocatrice que Michel-Ange et Léonard de Vinci ne sauraient pas peindre, en citation apocryphe ou mention faussaire (p. 96 et 256, respectivement). Ces citations et mentions s'accumulent et finissent par composer une sorte de portrait intellectuel et artistique de la narratrice. La composition du roman n'est donc pas celle d'une intrigue ni d'un "Bildungsroman" (roman d'apprentissage) avec une chronologie traditionnelle qui serait majoritairement linéaire, mais une progression par spirale avec retour sur un type de mention fragmentaire, plus ou moins modifiée à chaque réitération. Sans développement d'action, sans interaction entre personnages puisque la narratrice est seule à évoquer ses souvenirs et ses réflexions, une esquisse du passé du personnage apparaît néanmoins au fil du texte, par bribes minuscules qu'il faut reconstituer, comme si les mentions les plus personnelles étaient cachées dans le fatras des remarques distanciées concernant d'autres créateurs, et comme si les mentions de ces autres figures constituaient aussi un portrait indirect de la narratrice, à facettes multiples.

Après de nombreuses bribes de portraits indirects, la narratrice évoque même en fin d'ouvrage la possibilité, dans un avenir hors diégèse, hors texte, mais évoquant le texte qu'on vient de lire, d'écrire un roman autobiographique : "it might just change matters if I were to make it an absolutely autobiographical novel?" (p. 254). L'insistance de l'adverbe "absolument" semble fort ironique, mais cette affirmation en fin d'ouvrage rejaillit sur l'ensemble de la lecture, comme une révision potentielle, qui confirme que les bribes biographiques d'autres créateurs constituaient des portraits indirects de la narratrice (on y reviendra). On peut remarquer que, après un début *in medias res*, 254 pages auparavant, le roman propose ici un incipit potentiel, une dizaine de pages avant la fin de l'ouvrage :

> Which is to say a novel about somebody who woke up one Wednesday or Thursday to discover that there was apparently not one other person left in the world. Well, or not even one seagull, either.
>
> Except for various vegetables and flowers, conversely.
>
> Certainly that would be an interesting beginning, at any rate. Or at least for a certain type of novel. (p. 254)

Cette citation marque le début du résumé du roman, sous forme d'anamnèse, quand la narratrice revient dans les pages suivantes (de 255 à 265, dernière page) sur le parcours de ses fragments repris inlassablement au cours de son récit pour ne l'éclaircir ainsi qu'à la fin, de manière assez traditionnelle et conclusive, quoiqu'en boucle, puisque la conclusion reprend la création développée jusqu'alors, en affirmant non sans coquetterie qu'il s'agit d'un livre à venir.

La composition s'apparente donc à un jeu de piste : cherchez l'anamnèse finale qui invite à reprendre la lecture, suivez la spirale, ou les liaisons de ses brins d'ADN, selon la métaphore critique qu'on choisit d'élaborer. C'est un jeu qui se met en place du côté de la réception autant que de l'écriture du roman, dans une large mesure. On peut repérer plusieurs sujets thématiques qui reviennent avec des modifications dans les révolutions translatées de la spirale, ces thèmes se recoupant souvent et étant repris dans les dix dernières pages du roman, à savoir, en suivant l'ordre du récit dès son début (et sur une vingtaine de pages) : le portrait de la narratrice (ses fonctions corporelles et son portrait psychique, son histoire de personnage, ses activités) ; la piste géographique des pays visités et de leurs fleuves (mais d'où les remarques sont-elles faites ?) ; la temporalité, du récit comme de la période embrassée par les remarques ; la question de la folie, individuelle ou d'une civilisation (p. 11) ; le problème du langage (de nommer les lieux, les choses, les concepts, malgré les approximations de toute langue, p. 11 *et al.*) ; la question du rapport à l'Histoire (la guerre de Troie, la Première comme la Seconde Guerre mondiale) ; faire du feu ou incendier (des musées, des maisons, p. 13, 15 *et al.*) ; le rapport entre la production d'artistes et leur biographie (Turner, p. 16) ; le rebond de nombreuses balles de tennis sur les marches d'un escalier (évoquant la déclinaison, ou le *clinamen* de la physique épicurienne, cette déviation spontanée des atomes pendant leur chute dans le vide, p. 17) ; la nature végétale (p. 19) ; la pollution (p. 26, 86) ; la musique (p. 19) ; déposer ses bagages, ses livres, ses souvenirs de lecture (p. 19-20) ; le téléphone (p. 20) ; les Atrides (p. 20-21). *Et caetera, et caetera,* et l'expression latine n'a jamais eu autant de sens, parce qu'il s'agit ici d'une suite logique, comme en mathématique, ou même d'une suite de suites dont le lecteur se fait l'herméneute, parce qu'il doit en trouver la raison à chaque fois, à moins que la suite illogique déraisonne. Dans l'analyse du roman, on reviendra sur les sujets récurrents et sur les nœuds qu'ils suggèrent à leurs points de rencontre.

Parmi tant d'autres, on peut donner ici un ou deux exemples de l'imbrication des différents brins de la spirale (ici encore, à l'instar des brins en hélice de l'ADN et de leurs liaisons, utilisés comme métaphore compositionnelle), si l'on suit l'agencement des fragments (pp. 14-15). Selon l'enchaînement des idées, le thème du feu pour se chauffer dans des musées mène à celui de l'incendie d'une maison sur la plage, que la narratrice appelle toujours maison, alors qu'elle remarque qu'il n'y a plus que les restes d'une maison, parce que le langage est imprécis dans sa logique (plus ou moins suivant les analyses de Wittgenstein). Ou encore, les balles de tennis font une chute sur l'escalier de la place d'Espagne, à Rome, jusqu'en bas de la place, où se trouvait le dernier logement de Keats (p. 17), dont le prénom est traduit en italien sur la plaque commémorative, toute désignation par le langage étant qualifiée ici encore d'imprécise. On y reviendra, parce que la composition du roman invite justement à des découpages critiques multiples, à des reprises aux divers embranchements des choix de parcours et à des approfondissements choisis.

Cette composition itérative propose une structure mouvante, par rappels et échos dans le texte, par répétitions avec des variations, en une véritable rhapsodie cousue selon un ordre qui n'est pas immédiatement apparent. Elle procède par liaisons et déliaisons, qu'il faut évaluer et réévaluer sans cesse au cours de la lecture, ce qui constitue sans doute un des attraits du roman. Elle parvient ainsi à procurer le plaisir du dépaysement à chaque nouvel agencement inattendu des thèmes récurrents, en même temps que celui de la reconnaissance d'une petite musique déjà entendue, avec ses variations. Ce n'est pas par hasard que les compositeurs Brahms et Bach sont mentionnés à plusieurs reprises (Bach p. 131, Brahms p. 188, etc.) ; maîtres du contrepoint et du développement thématique (ou “developing variation”, selon les termes d’Arnold Schoenberg, en ligne sur Wikipedia), ils produisent des variations à partir de mélodies reprises. Ou, pour le dire autrement, la narratrice place les lecteurs dans la position attentive et active d’un détective qui analyse l’ensemble des fragments, les compare et guette les éventuelles contradictions de l’énonciation.

Enjeux du titre

D’entrée de jeu, les règles narratives sont complexes et le titre du roman pose plusieurs problèmes, dont le sens du possessif et le rapport qu’il induit entre un personnage de fiction et un personnage ayant existé, ce dernier évoquant lui-même une philosophie. Le possessif peut se comprendre de deux manières, soit que Wittgenstein aurait ou aurait eu une “maîtresse”, au sens d’une relation amoureuse hors mariage, et dans ce cas c’est lui qui est le possédant de la relation génitive ; soit qu’il aurait été le serviteur d’une femme, celle-ci étant sa “maîtresse” au sens de domination hiérarchique datant d’un vocabulaire ancien, pour signifier celle qui l’emploie ou sa patronne, et c’est alors lui le possédé de la relation possessive, pour ainsi dire. L’usage diachronique de l’anglais entretient l’ambiguïté, par l’héritage de l’amour courtois qui, par convention, désigne la dame aimée comme maîtresse du cœur du chevalier, et celui-ci comme serviteur soumis au pouvoir qu’elle exerce sur lui. On croirait presque entendre le début du sonnet 130 de Shakespeare : “My mistress’ eyes are nothing like the sun”, célèbre anti-blason d’une ironie féroce, dressant le portrait d’une maîtresse qui échappe par sa laideur aux poncifs de la poésie courtoise. De quelle maîtresse s’agit-il donc ?

Avant de poser la question de savoir si Ludwig Wittgenstein (1889-1951) avait une maîtresse, réelle ou figurée, qu’elle soit du cœur ou de l’esprit, dans sa vie monacale sans hétérosexualité confirmée, ou même dans sa philosophie qui, métaphoriquement, ferait de lui l’amant d’une abstraction, d’une Sophia ou Philosophia, il convient de rappeler dès le titre que toute mention d’un fragment de réel dans un ouvrage de fiction extrait celui-ci du réel pour le faire entrer de plain-pied dans la fiction, quel que soit l’effet de réel ainsi produit. Quelles que soient les références à un philosophe ou à un artiste, donc, sans notes de bas de page ni système de référencement, l'ouvrage insiste sur son appartenance au domaine de la fiction. Dans cette fiction, le nom de personnages connus qui y seraient mentionnés l'est dans l'univers ainsi créé, sans rapport d'authenticité avec le monde de référence des lecteurs dans leur vie. Vincent Jouve analyse le "degré de réalité" d'un personnage individualisé dans *L'effet-personnage dans le roman* (JOUVE, p. 66), et cite Marthe Robert dans son questionnement des rapports indéniables du texte et de la vie, du moins dans l'analyse de la réception des lecteurs (JOUVE, pp. 199-200). La narratrice, personnage de fiction, est une femme bien peu individualisée (v. Le corps du personnage), dénuée d'apparence physique et d'intériorité, malgré son monologue intérieur. Elle semble n'être qu'un "personnage prétexte", un simple "élément d'une scène" (selon la terminologie de JOUVE, p. 150). Le génitif du titre suppose néanmoins une relation forte entre ce personnage sans épaisseur mimétique et un personnage ayant existé, non sans ironie puisque Wittgenstein n'avait pas de "maîtresse" visible dans sa biographie. La narratrice le précise même dans le texte du roman : "Wittgenstein was never married, by the way. Well, or never had a mistress either, having been a homosexual" (p. 243). L'ironie du titre se situe donc d'emblée à plusieurs niveaux : celle du double sens du génitif, laissant en suspens la question du rapport possible de domination, sans trancher ni chercher à clarifier qui maîtrise qui, d'une part ; mais aussi la question d'une remise en cause de la narration. Si l'œuvre s'ouvre sur un postulat mêlant ainsi fiction flagrante et fiction du réel, une "maîtresse" digne du théâtre de Beckett et un personnage réel sans maîtresse, mais ainsi entré dans la fiction par cet accouplement étrange, l'utilisation de la troisième personne dans le titre entre aussi en conflit avec la narration du roman. L'ironie porte de plus sur le choix du vocabulaire désuet, une "maîtresse" évoquant un relent de sexisme, puisque le mot signale l'illégitimité d'un personnage féminin, par rapport implicite au lexique qui désigne une épouse légitime. Qui est ce narrateur extradiégétique qui prend ainsi la parole et qui s'accorde sur la couverture l'autorité de dominer par son ironie la parole de la narratrice du roman, qui s'exprime quant à elle à la première personne ?

Il semblerait que le titre invite ainsi à confondre l'auteur, David Markson, et le narrateur du titre, anonyme mais dont l'autorité s'inscrit sur la même page, tous deux retranchés par ce paratexte loin de la narratrice, parce que le narrateur auctorial appose un titre à la troisième personne, en surplomb du personnage chargé de la narration dans l'ouvrage, à la première personne. Ce clin d'œil brouille les pistes. On retrouve ensuite ce procédé dans la tétralogie de Markson, publiée après ce roman, qui invite à confondre l'auteur, le narrateur et le personnage principal, cette figure d'amalgame narratif étant appelée tour à tour "Reader" dans *Reader's Block* (1996), "Writer" dans *This is Not a Novel* (2001), "Author" dans *Vanishing Point* (2004) et "Novelist" dans *The Last Novel* (2007). Ces substantifs sont affublés d'une majuscule pour en faire des noms propres, la fonction rejoignant l'identité. La littérature crée son personnage, de lecteur comme d'écrivain ; elle semble indissociable de la vie, dans le monde selon Markson. Citons ici l'incipit de *Reader's Block*, emblématique du brouillage narratif mis en scène dans trois phrases séparées par un blanc typographique :

> Someone nodded hello to me on the street yesterday.
> To me, or to him?
> Someone nodded hello to Reader on the street yesterday.
> [MARKSON, 1996, p. 11]

L'ironie d'une voix auctoriale qui se distingue de celle de sa narratrice permet d'accentuer l'humour quant au rapport amoureux postulé entre le philosophe autrichien et Kate. Si rapport il y a, le roman le définit, dans son univers hypothétique. Ce rapport serait peut-être d'ordre philosophique, défini étymologiquement par l'amour de la sagesse : une pensée à partir d'une *tabula rasa*, d'une réévaluation de toute la philosophie (et implicitement, de la culture), par propositions courtes et cumulatives, à l'instar du philosophe qui numérote ses propositions sans se charger des siècles de philosophie qui l'ont précédé (ou du moins en apparence). Selon la célèbre formule du *Tractatus logico-philosophicus*, "le monde est tout ce qui est le cas." [WITTGENSTEIN, 2021, p. 92, cité dans le roman, "The world is all that is the case.", p. 88], ce qui balaie d'un coup les spéculations métaphysiques, bien qu'on puisse finalement y retrouver, dans une sorte de dénégation, le souvenir de la méditation de Descartes face au morceau de cire (DESCARTES, *Méditations métaphysiques*, 1641). Ses propositions visent à embrasser le monde par le langage, sans spéculation sur ce qui lui échapperait. Mais ici encore, l'univers reste fictionnel. Le monde de la narratrice n'est pas une imitation du monde réel, ni même une imitation des élaborations philosophiques de Wittgenstein, bien qu'il y ait plusieurs points de convergence avec ce maître exigeant, mais le monde d'un personnage de fiction : un univers narratif qui prend les formes de la philosophie sans doute la plus importante du XXe siècle, et indéniablement la plus célèbre au moment de l'écriture, par la brièveté des paragraphes souvent réduits à des propositions d'une phrase, mais pour proposer un univers bien à soi, différent de celui du philosophe bien que sous son influence apparente, et qu'on tentera de cerner.

Le titre du roman pourrait donc s'inverser, si l'on retourne son ironie, en : L'amant de Kate / L'amant d'Hélène ; ou bien encore, l'un n'excluant pas l'autre : Le maître de Kate, ou même, Le maître d'Hélène, pour renforcer le double sens du mot “maîtresse” qui disparaît au masculin. Le maître à l'origine de la parole de Kate / Hélène serait ici un philosophe ventriloque qui parle pour un écrivain, avec son univers et ses intentions propres. Déguisé en femme qui serait elle-même amoureuse du langage et de la pensée se déployant dans une composition par propositions s'enchaînant en spirale, l'écrivain imbrique plusieurs instances narratives pour faire le procès de sa civilisation qui arrive au point sans retour de son propre anéantissement. Son salut serait peut-être de se cantonner à la littérature, et de devenir la maîtresse de Don Quichotte, et de ses châteaux en Espagne, dans le meilleur des cas.

ANALYSES THÉMATIQUES

UNE ÉCRITURE IDIOSYNCRATIQUE

Analyse stylistique

De façon générale, le roman fait preuve d'une langue pauvre en effets de style classiques, une langue qui ne cherche pas à briller, comme s'il s'agissait pour la narratrice d'un exercice de dépouillement, d'une ascèse stylistique qui se méfierait de l'emphase ou de l'hyperbole, ou même du beau style. Dans son ouvrage LTI (*Lingua Tertii Imperii*, première édition en 1947, traduction française en 1996, puis anglaise en 2000), le philologue allemand Victor Klemperer a analysé la langue du Troisième Reich, qu'il qualifie de pauvre en vocabulaire et limitée dans son refus de la nuance et de l'élaboration, mais de riche en hyperboles, en rhétorique évangélique [dont l'expression "la treizième heure", "la langue de l'Évangile", Klemperer, 2003, p. 68] et en emphase, pour marteler une idéologie qui cherche à galvaniser les foules. Markson, au contraire, élabore un rythme, une ponctuation, une mise en page de la lenteur, un examen de la sidération par le silence. Il laisse le temps, la place, l'espace nécessaire au déploiement de la pensée, sans chercher à gagner l'adhésion, malgré de rares moments de captation de bénévolence ou de complicité. Sa narration prend le loisir du retour sur soi, de la reformulation, de la nuance ou de la contradiction, qui contribuent à la réflexivité. En cela, il se rapproche un peu de l'anti-affect, à la manière de Natalia Ginzburg (1916-1991) qui énonce dans le roman *Tous nos hiers* (1952) les drames subis par une famille juive au moment du fascisme, mais sur un ton uniforme et factuel, qui tient l'affect à distance de manière d'autant plus surprenante que les faits décrits sont insupportables.

Markson ne va pas jusqu'à écrire un récit monocorde, bien qu'il le réduise à la voix d'une seule narratrice, mais il distille habilement le pathos, de manière ponctuelle et discrète. À l'occasion, à la manière distanciée de Natalia Ginsburg, la narratrice laisse entendre qu'elle a perdu un certain Simon, et mentionne dans un *non sequitur* ne plus avoir envie d'écrire (p. 78). Mais cette mention sur le dégoût d'écrire suffit à attribuer un affect à l'affirmation précédente, qui la montrait comme ayant, pour seul souvenir de Simon, des diapositives ou des photos. Le manque est souligné, même elliptique, par la structure du récit. Et il faut attendre 173 pages avant qu'elle affirme cette fois que Simon aurait été un de ses amants, au même titre que d'autres prénoms qui semblent reprendre ceux des personnages connus évoqués dans les pages précédentes : "certain of my lovers, like Simon or Vincent or Ludwig or Terry" (p. 251).

Dans la nouvelle "Healthy Kate" (1986, rééditée en 1990) qui servit d'ébauche au roman, Simon est le fils de Kate. Au début du roman, c'est encore son fils : "Simon is what my little boy was named" (p. 13). Mais, à la fin du roman, dans le délire métaleptique de la narratrice qui confond les niveaux d'imbrication entre la fiction et le monde, c'est devenu le prénom d'un amant parmi d'autres, comme si la nature du lien affectif n'était pas vraiment ce qui importait, ni de savoir à quel niveau de la fiction le personnage appartenait. Mêler ainsi, dans une même fonction d'amant, un personnage de fiction et des prénoms évocateurs de personnages connus, mais sans patronyme, qui masquent un double fictionnel de Van Gogh, de Beethoven ou de Eagleton, voilà qui dissout l'affect dans une mise en abyme du monde par sa mise en fiction dans la fiction, le dédoublement métaleptique du personnage, mettant ainsi sa douleur et sa perte à distance.

Dans ce contexte disert, d'une émotion taiseuse, structurelle plutôt qu'explicite, le lyrisme est chez Markson remarquable parce qu'il est rare et particulièrement ciselé dans sa formulation, tel un bijou qui soudain brille dans une narration généralement plus terne et plus retenue. Dans un passage où la narratrice commente son état dépressif sans s'appesantir, elle s'interrompt néanmoins pour remarquer, comme en une diversion pudique, la beauté de la nature après la pluie : "Well, and too, once the rain had stopped but the woods were still wet everything was extraordinarily beautiful, and all of the wet leaves glistened and glistened" (p. 245). La répétition du mot "glistened" relève d'un effet poétique, contrairement aux autres répétitions de structure qui semblent davantage relever de la manie obsessionnelle. Un tel détour, qui contemple avec émerveillement l'altérité de la nature, permet de retrouver l'affect autrement. C'est le contraire d'une projection de l'émotion humaine sur la nature par hypallage. Cette mise à distance de l'humeur dépressive, par une phrase qui tranche avec le reste de la page, éloigne un instant la narratrice de l'introspection. La liaison adverbiale "and too" ne relie rien ici, elle adjoint un élément inattendu, par une remarque qui semble dénuée de motivation intérieure, vouée seulement à la glorification de la beauté du monde extérieur. Cet interlude lyrique très bref signale sans doute une narratrice scindée, mais refuse le discours psychanalytique. La psychologie n'est plus dans le discours médical ou analytique qu'exclut le roman, mais son signalement subsiste néanmoins, laissé à la responsabilité du lecteur qui distingue le style de l'analyse logique de celui de l'élan lyrique, comme une trace en creux, signifiant sans le décrire un pathos interdit, un désir de vie marqué par une diversion vers l'extérieur de soi, qui échapperait à la mélancolie. Pour la narratrice, sortir de la dépression, très momentanément, n'est possible que par une échappée lyrique qui la rend soudain attentive à la beauté du monde. Mais, sans introspection approfondie ni voix narrative extérieure pour proposer un regard objectif ou un regard en contre-champ, son état d'âme ne peut être qu'objet de vaine spéculation hors texte. Plus que jamais, c'est de l'analyse du style que le sens procède, loin de toute illusion de psychologie du personnage.

Analyse linguistique (premiers éléments)

On remarque dans le roman une série de récurrences stylistiques : postposition ou inversion de l'ordre canonique sujet-prédicat ("Accouterments, I did get rid of. Things.", p. 98) ; phrase nominale ; phrase tronquée ; scission entre la principale et les subordonnées qui deviennent des indépendantes. Examinons ici ces phénomènes, en commençant par les derniers.

Très régulièrement, la phrase s'ouvre sur une conjonction marquant l'opposition, comme la lecture d'une seule page suffit à le montrer : "Though", "Although", "Even if", ou la comparaison : "Anymore than would be" sont autant d'ouvertures de phrases sur une même page (p. 173). Dans sa thèse de doctorat consacrée à l'œuvre de David Markson, Sophie Cordier-Noël remarque le grand nombre de mots de liaison dans ce roman (ainsi que dans un autre texte de l'époque), contrairement aux suivants :

> Dans sa 'postface à plusieurs romans', comme dans *Wittgenstein's Mistress*, Markson utilise abondamment mots de liaison et autres marqueurs de liens syntaxiques, généralement en début d'énoncé : 'then again', 'such as', 'and that', 'by the way', 'all right, granting', 'but still, but still…', pour ne citer que la première page de 'Reviewers in Flat Heels : Being a Postface to Several Novels'
>
> [Cordier-Noël, 2011, p. 124]

L'écriture donne ainsi plus de poids à la proposition subordonnée, l'isole, marque la pause dans l'enchaînement des idées entre plusieurs paragraphes, mais sans le rompre. Elle instaure une tension permanente entre le continu et le discontinu pour résister au discontinu d'une pensée disjointe et, finalement, pour créer un effet d'attente. La lenteur est la marque d'un refus, celui du prêt-à-penser, comme s'il fallait inviter les lecteurs à compléter les pensées avant le retour à la ligne, entre les paragraphes. L'étalement des phrases scindées en plusieurs paragraphes permet d'élargir la temporalité à la diachronie, comme un temps immobile, la durée prise en compte allant de la guerre de Troie à l'époque contemporaine d'après une catastrophe mondiale. Par le seul exercice du langage, la narratrice recrée le monde, l'analyse, le met en perspective dans sa solitude postapocalyptique.

L'effet d'attente est ainsi théâtralisé, comme si le déploiement des propositions scindées en plusieurs phrases sur la page était scénique. L'antéposition et le bouleversement de l'ordre canonique de la phrase relèvent d'une même stratégie. L'exemple cité plus haut l'illustre : "Accouterments, I did get rid of. Things" (p. 98). Posé comme un objet (grammatical, prédicatif) sur l'avant-scène de la phrase, le mot d'accoutrement, rare en anglais, venu du français et mis au pluriel, exhibe son étrangeté d'accessoire inattendu. Il avait déjà fait sa première apparition dans le roman, mais dans un usage légèrement faussé qui attire l'attention sur lui, puisque la suite de la phrase précisait que ce mot pouvait signifier du matériel électrique : "Such as generators, for use with electrical heating devices" (p. 18). Son sens usuel se limite pourtant au vêtement et à l'équipement, en particulier militaire, comme le barda que porte un soldat (*Webster's Unabridged*). Dans le passage où l'idée est reprise, le mot développe les bagages que l'on dépose, ou même dont on se débarrasse, motif évoqué aussi sur la même page un peu auparavant avec le mot plus courant de "baggage", mais dans le sens canonique de l'ordre sujet-prédicat: "to shed certain baggage" (p. 98). La reprise du dépôt de bagage, déjà métaphorique et ouvert à l'interprétation, avec cette fois une antéposition syntaxique et un lexique rare, tout cela met en relief de manière forte l'acte d'énonciation ainsi théâtralisé. Pourtant d'un naturel taciturne, la narratrice serait une Sarah Bernhard de l'énonciation, si l'on ose ainsi appliquer une métaphore dramatique au fonctionnement lexical des phrases, associé à leur mise en page qui systématise le retour à la ligne. La narratrice serait une comédienne qui scanderait chaque phrase, qui la mettrait en relief sans jamais en minorer aucune ni moduler ses effets, par une sorte de présence scénique toujours intense et mélodramatique, malgré le blanc de son silence entre chaque paragraphe ou ses ellipses.

Chaque phrase se pose ainsi avec force, avec une indépendance qui assumerait la force d'une phrase autonome, alors que la syntaxe révèle souvent une proposition subordonnée, très reliée à d'autres segments, ou bien à la recherche de sa principale. Le texte signale par cette mise en avant de chaque segment son refus obstiné du paragraphe, qu'on pourrait définir de manière classique par le déploiement d'une seule idée. En France, l'enseignement traditionnel de la dissertation martelait souvent qu'il fallait développer une idée par paragraphe. Chez Markson, on constate tout le contraire des conseils généralement donnés en didactique. Chaque paragraphe est constitué d'une phrase, plus rarement de deux, comme si chaque idée coûtait tant dans son élaboration qu'il fallait la mettre en relief, la mettre en scène sur le plateau de l'énonciation, avant de prétendre pouvoir poursuivre. La narratrice s'arrête ainsi entre chaque fragment, ce qui rend difficile ou impossible toute tentative de hiérarchisation des idées ou d'organisation de la pensée. Pas de phrase introductive d'un paragraphe, donc, ni de conclusion sur l'idée intermédiaire dans le fil du raisonnement. Chaque phrase est isolée, quand bien même elle poursuit celle du paragraphe précédent ou bien reprend une idée déjà évoquée auparavant, ou qui le sera par la suite. Chaque phrase refuse le déploiement d'une pensée dans sa typographie tout au moins, et se veut équivalente d'une autre phrase-paragraphe. Au lecteur seul revient la responsabilité de la compréhension, littéralement "saisir ensemble" (grâce au préfixe *cum*, avec, dans comprendre), ou "prendre avec", relier, voire hiérarchiser ou ordonner, pour faire sens. La narratrice suggère des liens par d'autres moyens (v. Les "connexions" anachroniques), mais elle refuse ostensiblement que le paragraphe comme unité de discours établisse le lien entre plusieurs phrases.

Un autre procédé s'associe à l'identité entre les propositions, sans relief particulier ni ordonnancement typographique. Il s'agit de l'emploi du pluriel pour une marque temporelle, afin de signaler l'indifférenciation, le refus de l'ancrage historique et la méfiance de tout ordonnancement chronologique : les expressions "winters" (p. 14) ou "mornings" (p. 15) participent toutes deux à l'anachronisme généralisé. Dès les quatrième et cinquième pages du roman, deux phrases font usage de ce pluriel en guise de complément circonstanciel de temps, rejeté en fin de proposition principale : "Well, I had a fire there perpetually, winters." (p. 14) ; "I still notice the burned house, mornings, when I walk along the beach" (p. 15). Par l'usage du déictique "there", la première phrase citée fait référence à l'ancrage géographique de la précédente, dont le circonstanciel plaçait la narratrice dans le célèbre musée new-yorkais, "at the Metropolitan Museum". Plusieurs informations sont ici données, l'une d'elles étant que la narratrice aurait passé plusieurs hivers dans le Metropolitan Museum. Le pluriel des "hivers" ne détermine pas une chronologie, mais une durée longue et imprécise, un enchaînement d'hivers sans datation. Il donne en passant un ton précieux, légèrement archaïsant, à la formulation. L'archaïsme du pluriel ("winters", "mornings") s'associe à une marque de lyrisme, comme si la poésie faisait partie du passé : "Mornings, when the leaves are dewy, some of them are like jewels where the earliest sunlight glistens" (p. 32). L'émotion lyrique ne peut être que désuète, quand la situation diégétique interdit à la narratrice les échanges humains. Le souvenir d'une langue poétique aux pluriels presque épiques participe désormais à une glorification d'un mythe ancien, à l'époque virgilienne d'une interaction entre les éléments de la nature, qu'elle soit végétale, animale ou humaine.

Le pluriel renforce la temporalité mythique et anhistorique de l'incipit, dans la première phrase du roman : "In the beginning, sometimes I left messages in the street" (p. 11). Dans un geste inaugural non daté, un "Au commencement" qui ressemble à la formulation d'une nouvelle genèse, les hivers se succèdent dans le musée que la narratrice a ensuite quitté pour s'installer sur une plage en dehors de la ville, comme elle l'affirme dès le troisième paragraphe (par opposition à "when I was still in New York." p. 11). Le périple initial de la narratrice, mentionné dans les premières pages, est difficile à suivre, par manque de chronologie claire. Elle mentionne la Grèce, la Turquie, la Yougoslavie, la France (sa résidence au Louvre), le Mexique, avant de poser l'ancrage déictique de manière appuyée, par trois propositions précisant un lieu, mentionné pour la première fois : "here in this house on this beach." (p. 13), mais sans aucune indication géographique précise. Désigner un lieu par trois indications, mais sans dire où il se situe, puis y revenir constamment dans la suite du récit, marque une redondance pour le moins problématique. Les pluriels de la temporalité participent à une même logique de l'affirmation multiple, en même temps qu'un déni de la précision référentielle, de datation dans ce cas : "I still notice the burned house, mornings, when I walk along the beach" (p. 15). Les matins se ressemblent, indifférenciés, sur cette plage indifférenciée géographiquement, mais surdéterminée linguistiquement par trois déictiques, "ici, dans la maison sur la plage" [trad. WINCKLER, 1991, p. 14]. Il y a une contradiction immédiate entre le temps du mythe, qui semble remonter à une genèse, et le quotidien d'une voix narrative qui force l'ancrage, par la déictique et la récurrence de ses désignations, par ses gestes répétitifs, lorsqu'elle lave sa jupe et qu'elle l'étend sur des buissons de la plage, posant toujours de façon linguistique un "ici" et un "maintenant", l'un comme l'autre déréalisés et en dehors de tout cadre référentiel réaliste. La fausse temporalité des pluriels, des hivers ou des matins, souligne que la narratrice ne porte un regard historique ni sur le monde qui l'entoure ni sur les guerres qui l'ont précédée et qui l'obsèdent (la guerre de Troie, ou celles du XXe siècle), mais un regard de juge d'une civilisation, regard non dénué de nostalgie, puisqu'elle évoque ainsi un lyrisme perdu.

Son refus de l'ancrage géographique pose aussi le problème du référentiel, qui serait nécessaire pour déterminer la fiabilité de son discours, lorsqu'elle affirme s'être rendue au Mexique en voiture : "Then again I am not at all certain I was mad when I drove to Mexico, before that" (p. 13). Le référentiel, temporel comme géographique, manque d'ancrage. Géographique, d'abord : si elle part des États-Unis, alors elle n'est pas complètement détachée du monde réel, mais, deux phrases plus haut, elle parlait de la Russie centrale et d'Europe, ce qui tendrait à signaler qu'elle délire, parce qu'on ne peut conduire d'un continent à l'autre en traversant l'océan (et qu'elle ne mentionne pas alors de transport de sa voiture en bateau) ; et son affirmation manque d'ancrage temporel, aussi, parce que le "before that" est trop vague pour qu'on puisse estimer si le voyage au Mexique se passe avant le voyage en Russie, ce qui la poserait comme encore saine d'esprit. Lorsqu'elle mentionne avoir pris le bateau pour arriver en Russie, avant de reprendre une voiture pour se déplacer, elle semble garder un ancrage dans le monde, mais il est très flou, puisqu'on ne devine son arrivée en Russie que par la mention de caractères cyrilliques sur les plaques d'immatriculation (p. 22). Paradoxalement, lorsqu'elle affirme qu'elle traverse le détroit de Bering en bateau, elle estime qu'elle était folle à ce moment précis : "But certainly I was mad when I drove the breadth of Alaska, to Nome, and then pointed a boat across the Bering Strait" (p. 21). Par manque de précision diégétique ou de logique, tant dans la temporalité que dans la géographie, les flottements de l'ancrage sont tels qu'ils ne permettent pas de trancher sur son état mental.

Outre les compléments circonstanciels inscrits dans un référentiel très vague, les pronoms produisent parfois un flottement du sens, lorsque leur antécédent n'est pas clarifié. Citons ici un passage entier, pour contextualiser l'énoncé :

> I have just put the painting back into the room with the atlas and the life of Brahms.
>
> As a matter of fact I have now also had another night's sleep.
>
> I mention that, this time, only because in a manner of speaking one could now say that it has this quickly become the day after tomorrow. (p. 63)

Dans la deuxième phrase, le pronom "it" pose le problème de l'antécédent, dans "it has this quickly become the day after tomorrow." Ce pronom ne fait pas référence à une durée ni à une journée précise ; ce ne peut être "the day after tomorrow", et, s'il représente "now", alors il ne désigne rien d'autre qu'une tautologie, un *ourouboros* ou serpent mythique qui se mord la queue. "It" représente une autre désignation, dans le présent de "now" ou du jour de l'énonciation. Le repère temporel se dérobe sans relâche, le présent restant dénué de réelle temporalité. Le moment est maintenant et après demain, tout à la fois.

Dans son manque de référentiel précis, la narratrice habite un éternel présent figé par manque d'interaction avec autrui et par l'absence d'obligations définissant un emploi du temps. Sans évolution possible, son présent renvoie ainsi à l'écriture plus qu'à une temporalité diégétique. Les moments sont marqués par la succession des phrases. Lorsqu'elle utilise "Then again" en début de phrase (p. 61, par exemple), elle pose une origine incertaine : sa locution fait-elle référence au segment précédent, ou bien à un événement antérieur, ou encore, à une phrase antérieure ? Rien ne permet de mesurer avec certitude le décalage entre le temps vécu, le temps du récit et le temps grammatical, malgré l'emploi appuyé de déictiques.

Par conséquent, selon l'agencement des fragments qu'on effectue à la lecture et la compréhension des compléments circonstanciels et des antécédents, on estime la narratrice plus ou moins lucide, ou plus ou moins schizophrène. Dans tous les cas, sa pensée décousue remet à tout instant sa fiabilité en question, parce qu'on est en droit de se demander quelle opération du langage elle fait subir au monde qu'elle prétend encore mettre en scène, lorsqu'elle scinde l'ordre et la structure de la phrase canonique, qu'elle distribue en paragraphes distincts selon une logique problématique, et, surtout lorsqu'elle force les opérations des déictiques, sans référentiel clairement défini. Le texte place les lecteurs dans une position d'incertitude, les menant sans cesse à négocier avec la répétition avec des variations du texte, à se laisser séduire par un entre-deux, lorsqu'on croit saisir l'enchaînement des phrases, les antécédents grammaticaux et les déictiques.

CE QU'IL RESTE DE NATURE

Dans un monde appauvri de présence animale et humaine, le roman met en scène ce qu'il reste de nature : la végétation redevenue sauvage, dont, dès la huitième page, des légumes dans des champs abandonnés, des baies et fleurs sauvages ("berries", "various vegetables", "woods", "flowers", p. 19, "various vegetables and flowers" p. 254) ; la nature est aussi celle des buissons sur la plage, ou celle du corps de la narratrice (cette dernière sera étudiée dans la perspective d'un récit genré, v. Le corps du personnage).

Les animaux

Contrairement à la nouvelle "Lullaby" de Gorki, que Markson choisit de mettre en ouverture de son recueil de littérature russe, dans ce roman, l'écrivain escamote les règnes animaux intermédiaires que sont les insectes ou les vers de terre, alors que certains animaux sont au moins mentionnés pour leur absence (la mouette, le chat, ou l'oie). La narratrice n'est ni zoologue, ni entomologue. Insectes et lombrics sont pourtant indispensables à l'ensemble de l'écosystème, y compris dans une perspective anthropocentrique, les uns par leur pollinisation des végétaux, les autres pour leur contribution à l'oxygénation de la terre et à son enrichissement par leur compost. Ne pas les mentionner permet d'accentuer encore davantage la solitude du personnage central, et de la couper complètement d'un biotope. Elle est en cela l'héritière d'une domination de la nature par l'homme, bien que ce ne soit pas thématisé. La nature aurait été détruite, mais, chose inexplicable, un personnage solitaire aurait survécu à cette destruction. La narratrice n'entend pas la nature non plus et, lorsqu'elle mentionne la musique qu'elle aimerait écouter, c'est implicitement une musique humaine, jouée ou enregistrée, qu'elle ne peut plus produire : "For years, wherever I was, I generally did contrive to play some. But when I began to get rid of devices I had to give up the music as well" (p. 19). Elle évoque ensuite Antonio Vivaldi, Joan Baez, ou encore Berlioz, pour *Les Troyens*, son opéra inspiré de l'*Énéide* de Virgile. La musique qu'elle aimerait entendre est dès la première mention très significative, parce qu'elle évoque implicitement l'évaluation d'une civilisation : Joan Baez est une chanteuse engagée, l'*Énéide* parle de la fondation d'une civilisation et de ses guerres, et la première partie de l'opéra de Berlioz a pour sujet la prise de Troie. Dans ce discours éminemment culturel, y compris sur la musique, il n'y a pas de place pour les sonorités de la nature : nul bruissement du vent, nul bourdonnement, pas d'insecte ni d'oiseau chantant sur sa plage, autre que le souvenir des mouettes. Son observation de la nature n'est que visuelle : "Beyond the window at which I am sitting the breeze is frisking with ten thousand leaves. Sunlight breaks through the woods in mottled bright patches" (p. 19). Elle regarde sans entendre, de loin, parce qu'elle est assise de l'autre côté de la fenêtre. Sophie Cordier-Noël a très justement analysé que la fenêtre est pour la narratrice l'indication de son "filtrage de la réalité" [Cordier-Noël, 2011, p. 202], et que la quête du personnage "se résume à 'chercher du regard' un objet non identifié, à travers le seul mot 'looking' utilisé de façon intransitive" (p. 164, pp. 202-3). Sans sembler avoir conscience de la réflexivité de sa référence, la narratrice attire l'attention sur les cadres d'observation dans le roman *Wuthering Heights* : "all that I seem able to remember about it is that people are continually looking in or out of windows" (p. 61). Le regard ainsi désincarné de la narratrice contemple la nature derrière une vitre, sans projection développée ni désir de contact.

La nature est à la source de son émotion esthétique, mais c'est une nature distanciée, abstraite, où l'émotion est souvent absente, ou bien reste du côté de l'observatrice, comme s'il s'agissait d'un spectacle vu de la fenêtre, même lorsque la narratrice sort sur la plage. Le cadre d'une fenêtre est un lieu commun dans le roman pour signifier une héroïne à côté de la vie, ou même frappée de bovarysme. Elle ne regarde pas une nature qui existe en soi et pour soi, et dont on pourrait se réjouir de l'altérité, mais elle la considère comme le théâtre de ses gestes, sa préoccupation centrale étant elle-même, sans se penser comme faisant partie de la nature. La narratrice reste de l'autre côté de la vitre, elle ne franchit pas le chambranle par la pensée davantage que par le corps, dans ce passage lyrique. Ailleurs, elle reste peu engagée, toujours liminaire, spectatrice, incapable de construire ou de créer dans sa solitude. Curieusement, ses activités à l'extérieur se limitent à laver ses vêtements (p. 24) et à faire des brasiers pour brûler des livres (p. 43) ou d'incendier des maisons avec du kérosène (p. 64), parce qu'elle n'a plus de prise sur la nature, celle qui est en elle comme celle en dehors d'elle, autrement que par l'entretien dérisoire ou la destruction, sans possibilité de créer du nouveau sinon en énonçant des propositions qui peuvent mener à une réflexion sur la destruction.

Non sans ironie auctoriale, le personnage remarque que, au cours de ses voyages, elle a appelé Néron un chat trouvé dans le Colisée, après avoir hésité avec d'autres noms : "Well, I suspect I may have tried Julius Caesar and Herodotus and Pontius Pilate at various moments, also" (p. 34). Étant donné le manque d'inflexion émotionnelle de l'énoncé, et sans humour décelable dans le phrasé, la narratrice ne semble pas consciente de l'ironie de son choix. C'est donc entre l'instance narrative supérieure, celle qui est responsable du titre du roman à la troisième personne, et le lecteur, que l'intention et la réception de l'ironie peuvent se comprendre. Hésiter entre des noms de personnages aussi célèbres que le tyran matricide, le général et dictateur, l'historien des guerres médiques et le gouverneur de Judée (dont la postérité retient surtout qu'il se lave les mains de la mort du Christ), pour finir par choisir Néron : quel programme pour un chat, et quelle suggestion d'autoréférentialité pour un personnage qui appelle ainsi son chat ! La nature du chat répondrait par ce baptême à la vocation de détruire et de tuer que la narratrice s'est octroyée dans l'univers romanesque qu'elle habite. L'ironie auctoriale sape ici la décision du personnage et la désigne de manière appuyée comme délirante.

Nommer l'animal, c'est déjà une appropriation de la nature du chat par l'humain, qui affirme ainsi sa position de maître et possesseur de la nature, à la manière de Descartes. Attribuer au chat du Colisée romain le nom d'un tyran sanguinaire et psychopathe qui sévit autrefois dans le même Colisée, c'est aller plus loin dans la même démarche, jusqu'au ridicule évident. La narratrice n'a pas conscience de sa position épistémologique dans le monde, ni du fait que c'est justement la prétention à la suprématie humaine dans la nature qui a vraisemblablement fait advenir la catastrophe inexpliquée par laquelle elle se retrouve seule au monde, avec, pour seuls compagnons, le souvenir des animaux qu'elle a croisés dans une vie antérieure. Le non-dit est de taille, noyé dans un fatras d'informations dont il faut tirer quelques fils choisis, au milieu d'ellipses béantes. Plutôt que d'expliquer pourquoi et comment la narratrice se retrouve seule au monde, le nom absurde d'un chat qui n'existe plus peut servir d'indice ou de symptôme du cataclysme, dans une logique dont seul le lecteur prend la responsabilité. En cela, Markson serait précurseur d'une littérature critique de l'anthropocène, bien que son angle d'approche soit avant tout celui d'un moraliste, critique d'une éthique dévoyée, puisqu'au cours des siècles, l'humain n'a cessé de faire la guerre et de détruire avant tout ses semblables.

L'absence de chat dans le présent de la narratrice tend à montrer que la destruction fut générale, celle d'une civilisation comme celle de la nature, et que la narratrice, fidèle à sa programmation culturelle, poursuit jusqu'au bout son œuvre d'anéantissement par la pyromanie, parce qu'elle est la dernière survivante d'une espèce qui ne sait que détruire, y compris lorsqu'elle déplore la perte d'un fils (p. 14). Elle remarque en passant, dès la huitième page, que les cours d'eau redeviennent potables, phénomène implicitement lié la destruction des espèces (humaine et animales) : "I do not remember which came first, becoming adept at maintaining fires, and so shedding devices of that sort, or discovering that one could drink any water one wished again" (p. 18). Cette phrase est la seule mention porteuse d'un vague espoir de régénération.

Le souvenir de la nature est un élément de poésie orphique, puisqu'on ne regrette que ce qu'on a perdu, source d'élégie mélancolique. Le souvenir du chat devra satisfaire, considéré comme emblématique de tous les chats, décrit parce que perdu, de même que, en poésie, la rose est pour Mallarmé l'absente de tout bouquet. Mais ces souvenirs sont doublement distanciés par une nomenclature étrange, qui laisse la place à une ironie auctoriale dont on ne peut vraiment savoir si le personnage la partage. De manière à la fois comique et inquiétante, le chat du Colisée est doté d'une identité anthropocentrique de psychopathe meurtrier de sa mère, tandis que les oies n'existent plus qu'en un patronyme espagnol, celui du poète Montes de Oca : "Marco Antonio Montes de Oca. / Mountains of goose being what the second half of it would curiously appear to mean, on the other hand." (p. 184) ; et les mouettes ne sont plus que le souvenir de ce qu'en a gardé la narratrice, et qu'elle associe aux chats, sur une décharge (p. 147). Examinons ces trois cas de chat, d'oie et de mouette comme autant de roses écrites, absentes de tout bouquet animalier.

Il y a plusieurs chats : le prénommé Néron (p. 34), aperçu au Colisée ; celui qu'elle imagine lorsqu'elle entend un bout de ruban adhésif faire un petit bruit à la porte (p. 71) ; celui de son fils Simon (p. 43) ; et, enfin, ceux des tableaux, dont un hypothétique chat de Rembrandt (p. 67), et un autre de Pintoricchio (p. 27), figurant bien sur le tableau évoqué, dont le titre, "Penelope with the Suitors", n'est pas donné dans le texte (circa 1509, 125.5 × 152 cm, voir le tableau sur le site du musée National Gallery) ; ce véritable tableau, actuellement en réserve à la National Gallery de Londres, comporte un chat au premier plan, en plein milieu, peint à proximité du rebord inférieur du cadre, invitation à franchir la limite entre l'espace du tableau et celui des spectateurs. Après la métalepse du roman, intermédiaire entre un art écrit et un art pictural, ce dernier chat hors texte, mentionné en 1988 comme s'il s'agissait d'un lien hypertextuel de notre temps, semble suggérer un second type de métalepse, entre l'art et le monde cette fois. L'invitation à la métalepse par les chats de l'art pictural se poursuit jusqu'à la fin du roman : "In fact I suspect there is something ironical in my having been able to remember Helen of Sparta's cat, or even Carel Fabritius's burnt sienna cat, and not remembering this particular cat" (p. 246). L'identité du chat se décline pareillement, qu'elle soit faite de pigment (terre de Sienne brûlée) ou de mots dans le roman, dans l'usage du démonstratif direct "this" pour désigner le chat de son fils (appelé Lucien dans ce passage, p. 246).

Les chats ont plusieurs couleurs, à moins que le même chat soit décrit de deux couleurs différentes, comme celui du Colisée, dont les couleurs "russet colored" (p. 36) ou "orange" (p. 43) sont proches, mais bien distinctes du noir, comme la narratrice le voit aussi avec beaucoup d'assurance dans son incohérence : "The cat in the Colosseum was black, I am next to positive, and held up one paw as if it had hurt itself." (p. 95) ; celui de la fresque de Pintoricchio est gris ("gray", p. 31), fidèle au tableau évoqué. Avec des précisions incohérentes, la mention des chats par petites touches semble indiquer que la narratrice leur accordait de fausses particularités. Elle les présente finalement comme si leur simple nature de chat impliquait naturellement un rapport entre eux, alors qu'ils sont séparés dans le temps et l'espace du récit, ou bien qu'ils n'existent pas, dans le cas du bout de ruban adhésif qui ferait un bruit de chat. Pour le moins, la logique de l'enchaînement, entre les chats qu'elle dit avoir rencontrés au cours de ses voyages et les chats qu'elle évoque au fil de l'écriture, ne va pas de soi. C'est à la fin du roman que la narratrice finit par appeler son chat Magritte : "What I am now calling that cat is Magritte" (p. 243). Il est révélateur qu'elle emploie alors le démonstratif "that" au lieu de "the" ou "this", parce que le chat a déjà été mentionné de nombreuses fois et qu'elle finit par faire référence aux références déjà établies. Sa conclusion porte sur l'irréalité de tout art.

C'est une forme de retour, une réflexion conclusive qu'elle propose alors, dans une allusion à l'auteur du célèbre dessin intitulé *Ceci n'est pas une pipe* (1926, pour sa première version). Elle développe l'allusion dans la phrase suivante en précisant qu'il s'agit d'un chat qui n'est pas un chat, dans ce qu'elle appelle ses "connexions" hasardeuses : "Well, Magritte having more of a connection with a cat that is not really a cat than Van Gogh does, being all" (p. 243). Par imitation allusive, elle signifie que, dans son écriture, il n'y a pas de vrai chat, pas plus qu'il n'y a de pipe dans le dessin de Magritte, que Michel Foucault commenta dans son ouvrage du même titre, *Ceci n'est pas une pipe* (FOUCAULT, Montpellier, Fata Morgana, 1973) sur la spécularité ironique de l'œuvre ainsi affublée d'un texte. La mention de chat dans le roman ne fait pas surgir de chat, mais une désignation de l'artifice romanesque et un appel à la réflexion sur "that cat", sur ce que signifie écrire sur "ce chat-là", alors qu'il est dénué de référentialité dans l'univers fictionnel que la narratrice n'ébauche que pour mieux le déconstruire. Dans le même esprit, elle appelle son chat qui n'existe pas "my almost cat" (v. Métanarration : vers une nouvelle langue ?). L'ironie de cette appellation est appuyée parce qu'elle imagine un dialogue avec le poète mexicain dont le nom évoque pour elle l'oie, qui l'interrogerait sur un chat qui n'existe pas : "So that this time he had perhaps brought along Marco Antonio Montes de Oca, who in either case did ask me what my almost cat's name was" (p. 232). Dans un dialogue fictionnel, un patronyme évoque le mot "oie" en espagnol, quand il n'y a plus d'oie dans l'univers évoqué, où un chat qui n'existe pas est nommé, sans autre vraisemblance qu'un bruissement de ruban adhésif dans le vent, loin de tout bruit réaliste. Ou encore, lorsque la narratrice semble s'enfoncer toujours davantage dans l'incohérence, et qu'elle ne sait plus comment s'appelait son fils (nommé Simon au début, et Lucien à la fin), elle nomme son chat "my Martin Heidegger cat" (p. 247), sans qu'on puisse déterminer si le nom évoque ironiquement une philosophie, ou simplement une forme de mépris pour une réincarnation sous-humaine, en rétribution de la compromission nazie de l'homme sous le Troisième Reich. L'abstraction qui régit le roman s'affirme toujours davantage vers sa fin et dénonce à terme l'illusionnisme de tout art, sciant la branche sur laquelle le roman est assis, si l'on ose cette métaphore incongrue. Lorsque la narratrice affirme avoir écrit à des personnages célèbres pour leur demander de trouver un nom pour son chat (p. 231 et sq.), elle n'a plus de chat que par écrit, dans ses lettres ou dans son discours.

Les oies et les mouettes du roman participent ainsi d'une déréalisation semblable à celle du chat, et deviennent le support d'une réflexion méta-romanesque bien éloignée de la réalité de ces volatiles. La distanciation passe par une transgression linguistique qui consiste à confondre nom propre et nom commun et, par conséquent, à traduire un nom propre, ce qui ne se fait pas en traduction. Comprendre le patronyme Montes de Oca littéralement grâce au passage par l'espagnol produit le substantif oie, et le jeu de traduction se pratique dans l'autre sens aussi, de chat à Gato, dont la majuscule souligne que c'est le nom propre du chat, passé par une traduction du nom commun chat : "as a matter of fact we had taken to calling the cat Cat in Spanish, too, sometimes. / *Buenos dias, Gato*" (p. 247). Les confusions du langage semblent souligner un jeu à la limite de la pathologie maniaque chez la narratrice, plus ou moins distanciée en cela d'une figure de narrateur auctorial, bien que la distinction entre jeu et pathologie soit le plus souvent brouillée. Si le jeu met deux langues en regard, l'anglais comme l'espagnol ont perdu le lien avec la référence et ont fait disparaître du roman chat, oie, et mouette, en miroir du monde postapocalyptique.

Ce qu'il reste de nature, quand elle a été largement détruite, c'est finalement un héritage textuel, évoqué diachroniquement par l'épithète homérique "a rosy-fingered dawn" (p. 142), qui remonte aux origines anciennes de la littérature occidentale. Mais, paradoxalement, tandis qu'elle répète l'épithète homérique avec ce qui résonne comme un élan lyrique, la narratrice brûle des livres et des maisons, ce qui revient symboliquement à brûler la culture, qu'elle soit livresque ou artisanale. Brûle-t-elle la culture parce que celle-ci a conduit à l'anéantissement de la nature, humaine comme animale, en plaçant l'homme prédateur au centre de l'univers ?

Les végétaux

Dans un monde de désolation, la nature végétale a sa croissance propre, dont la narratrice souligne la vivacité par sa répétition du verbe "grow" et de son dérivé "overgrown" : "A variety of berries grow nearby. And less than minutes past my stream there are various vegetables, in fields that were once cultivated but are of course now wildly overgrown. [...] Flowers grow too, in great profusion" (p. 19). Par trois fois, le lexique martèle une croissance que vient appuyer encore le complément circonstanciel "in great profusion", pour signifier que la nature n'a que faire des déboires d'une humanité réduite à un personnage et qu'elle semble au contraire reprendre ses droits, en l'absence d'agriculture et d'intervention de la main humaine, même minimale, puisque la narratrice ne jardine pas. La "profusion", c'est étymologiquement un déversement, "nom d'action du participe passé de *profundere* (verser)" (*Online Etymology Dictionary*). Sans exploitation agricole, au sens de ferme, mais aussi au sens d'exploitation outrancière de la nature, la narratrice est devenue une simple cueilleuse, faisant retour à une pratique ancestrale, et elle profite humblement de la nature luxuriante qui prodigue son abondance en soi et pour soi, sans objectif de consommation humaine. Mimétiquement, la narratrice exprime son observation de la profusion végétale par une phrase brève qui sonne comme un tétramètre iambique (avec une syllabe surnuméraire), après une attaque trochaïque : "Flowers / grow too, / in great / profu/sion." Remarquons aussi que, sans le dire, la femme solitaire semble être devenue végétarienne, en l'absence de vie animale.

Pour la narratrice, la végétation sert soit à être mangée, lorsque Kate consomme des salades qui poussent encore ("various sorts of lettuce, along with mushrooms", p. 135 ; "some greens", p. 212), soit de support à du linge, lorsqu'elle étend ses vêtements sur les buissons pour les faire sécher ; mais cette dernière fonction utilitaire se double d'une fonction artistique, parce qu'elle considère que les jupes prises dans les premières gelées forment des sculptures. Citons ici en entier ce passage de quatre phrases-paragraphes offertes en lecture suivie par la narratrice sans interruption autre que le saut de paragraphe :

> Once, I actually left out certain items which became frozen, when an early frost surprised me.
>
> By the time I remembered to go for them, I was able to stand several of my wraparound denim skirts upright on the ground.
>
> Skirt sculptures, one might have considered them.
>
> And there can be no doubt at all that I had gotten rid of my anxiety by then, since I was even able to be amused by the concept. (pp. 95-96)

La conjonction des deux fonctions tendrait à montrer que, même dans l'isolement d'une vie de dénuement total, sans rapport à autrui, on ne survit pas seulement matériellement, en subvenant à ses besoins de nourriture et d'hygiène, mais on continue d'exister aussi en créant de l'art, avec les moyens du bord. Les buissons sont le support du linge que la narratrice appelle ici de manière abstraite des "articles", ou "items" en anglais. Dans ce passage, le glissement sémantique de "wraparound denim skirts" à "skirt sculptures" révèle un passage allant d'une précision réaliste, pour désigner des jupes-portefeuilles en jean, jusqu'à l'abstraction d'un matériau dans "skirt scupltures". De vêtement, la jupe devient support de création, artefact dont on peut faire une œuvre conceptuelle qu'on appelle de l'art, par déclaration performative. Le déplacement permet de passer d'un objet fonctionnel à un objet conceptuel, en un clin d'œil au "ready-made" de Marcel Duchamp, mais qui ne dit pas son nom. Le clin d'œil est néanmoins clair lorsqu'elle attire notre attention sur le mot "concept" à la manière de Duchamp, en employant ce mot inattendu dans le contexte d'étendre son linge dehors. Précisément, le concept n'a plus rien à voir avec le simple geste d'étendre du linge dehors, c'est devenu une façon de faire acte de démiurge, par déplacement déclaratif de l'objet banal dans un autre contexte, celui de l'art.

L'urinoir est posé en objet d'art dans un musée, ou bien la jupe en sculpture dans la nature, une fois gelée sur les buissons. La narratrice saisit l'action naturelle du gel sur le tissu mouillé pour proclamer une création artistique qu'elle n'a fait que déplacer, c'est-à-dire détourner de sa fonction, saisissant un changement physique de l'état de l'eau dans le tissu, de liquide à solide, comme une invitation à devenir créatrice. La narratrice mange les salades ou saisit l'occasion que la nature lui offre pour créer. Elle est consommatrice ou artiste, pas contemplative d'une nature qui n'existe qu'en soi et pour soi seulement. Elle semble ainsi, un bref instant, devenir active, sans détruire par pyromanie, ni seulement subir l'état des choses. Quand elle déplace les jupes raidies par le gel, elle agit, elle pense, mais elle rit aussi de sa prétention, dans un moment de distance par l'humour, puisqu'elle se déclare "amused by the concept". Elle n'est donc pas disciple servile de Duchamp, mais imitatrice moqueuse, du concept comme d'elle-même. En cela, elle fait se rejoindre le concept de Duchamp, qui s'approprie un objet manufacturé (comme un porte-bouteille acheté et signé par lui, dès 1914), avec celui d'un art en lien avec les éléments de la nature, pour le plaisir du jeu. Ce que le texte ne dit pas, mais qu'on peut imaginer par extrapolation, c'est que cet art est éphémère, puisque les sculptures de jupes gelées ne peuvent résister aux variations de température. Geste distancié par l'humour, création appelée à fondre sous le soleil, la narratrice démiurge n'inscrit pas son œuvre dans la permanence, c'est le moins qu'on puisse dire. Elle évoque ensuite Léonard de Vinci, pour l'art du dépouillement qu'il aurait (d'après elle) prôné : "Sculpture is the art of taking away superfluous material, Leonardo once said, if that is at all relevant?" (p. 96). Poser la question de la pertinence de sa remarque attire l'attention sur son propos. Ce pourrait être une manière de marquer sa distanciation par rapport à l'objet manufacturé (aussi trivial qu'un urinoir, un porte-bouteilles ou une roue de bicyclette de Duchamp), quand ce qu'elle retire du processus de création est non seulement la série des gestes de sa fabrication (comme Duchamp), puisqu'elle ne fait que réarranger le tissu gelé pour le mettre debout sans support, sans l'avoir tissé ni cousu, mais qu'elle interdit aussi la prétention à la permanence d'un objet solide, qui serait conservé dans un lieu d'exposition. Son objet d'art à elle est fragile, posé en pleine nature, à la fois fabriqué par les conditions météorologiques et soumis à leur potentiel destructeur. Implicitement, ses sculptures de jupes se rient des lieux de culture bien établis, séparés de la nature, où l'on peut débattre du "ready-made" manufacturé, selon qu'on le considère comme un geste fondateur de l'art au XXe siècle ou comme une imposture, ou bien les deux à la fois. Quel condensé de débats houleux nous avons ici, dans cette citation de seulement quelques lignes (en quatre phrases courtes), sur les sculptures de jupes qui font rire leur sculptrice !

Cet élan artistique sur la plage reste pourtant isolé, dans une nature à la fois plus hospitalière depuis que les activités humaines ne la polluent plus, et plus hostile parce que les animaux et l'humanité en sont exclus, hormis le personnage observateur.

L'ère post-anthropocène : boire l'eau des fleuves

Mélancolique, évoquant souvent son sentiment de dépression sans pouvoir s'en extraire, la narratrice semble souffrir de solastalgie, la "détresse psychique et existentielle liée aux changements environnementaux", selon le néologisme élaboré par le chercheur australien Glenn Albrecht. La poète Deborah Poe a fait entrer ce terme dans le dictionnaire de l'anthropocène, *Counter Desacration. A Glossary for Writing within the Anthropocene*, et elle y reprend le mot-valise formé des termes latins *solacium* (consolation) et *algia* (douleur) pour expliquer ce qu'elle appelle un mal bien particulier, ou "distinctive kind of homesickness" : "the unhappiness of people whose landscapes were being transformed by forces beyond their control" [Russo et Reed, 2018, p. 65]. Ce néologisme associe deux mots contradictoires, l'un évoquant la peine, l'autre la consolation, pour dire la douleur et la recherche de consolation quand on ne maîtrise pas ce qu'on sait funeste. Dans un contexte de douleur, ici celui d'anéantissement planétaire de toute civilisation, la recherche de consolation est sans doute celle de la narratrice, rendue possible par l'écriture, qui lui permet de revenir sur son expérience de la solitude et sur son appréhension de ce qu'il reste de nature autour d'elle. Elle écrit à la fois pour signifier son désarroi dans le changement environnemental qui est le sien, et pour témoigner de sa survie, au cours de laquelle elle connaît de rares moments de consolation dans la beauté de la nature. Son changement d'environnement n'est pas présenté avec précision comme dans une littérature dystopique qui se pencherait sur les conséquences du réchauffement climatique (dont la prise de conscience générale reste récente pour le plus grand nombre), mais comme un cataclysme inexpliqué qui aurait anéanti les civilisations humaines et le règne animal. Le balancement contradictoire entre la dépression, liée au deuil inachevé de son fils et à son manque de contact humain, d'une part, et le bonheur de contempler la nature, de l'autre, s'exprime par l'alternance de propositions telles que, dans le premier cas : "To tell the truth, I am still feeling a touch of that same depression, as well." (p. 94) et, dans le second, un passage où la seule explication digne d'être fournie serait d'écrire, et d'écrire en mesurant la beauté du monde à la floraison du lilas, puisque rien ne mériterait d'autre glose que celle-ci : "Except to perhaps note that everything is still all lilac" (p. 111). L'alternative entre dépression et lilas ne l'aident pourtant pas à sortir de son solipsisme.

L'environnement doit être compris au sens de tout ce qui l'entoure, dans une nature post-anthropocène dont, on ne sait comment, la narratrice serait la dernière présence humaine (comme animale) capable de rendre compte d'un changement radical. On est loin d'une écriture à la Jean-Jacques Rousseau, qui enchâssait dans ses *Confessions* (1782) ses épanchements émerveillés devant le paysage entre des pages de colère et de justifications plus sombres, reflets de son sentiment pathologique de persécution. C'est ici par petites touches contrastées et succinctes que la solastalgie de la narratrice perce, dans une écriture qui se veut le plus souvent distanciée et diserte d'émotion personnelle. Une mention récurrente vient apporter une rare note d'optimisme et une relative consolation, lorsque la narratrice mentionne plusieurs grands fleuves, en France, en Italie et aux États-Unis, et affirme qu'elle peut désormais boire leur eau.

Le philosophe environnementaliste Baptiste Morizot énonce (puis explique), dans son ouvrage *L'inexploré*: "Proposition 687. Le salut viendra de la rivière" (MORIZOT, p. 357). Dans un monde post-anthropocène, sans développement prolongé ni explication, la narratrice remarque à plusieurs reprises qu'on peut désormais boire l'eau de plusieurs fleuves connus, voire mythiques, si l'on considère les poètes et écrivains qui les ont décrits. Implicitement, les énoncés s'appuient sur la connaissance qu'ont ses lecteurs de la pollution des cours d'eau dans le monde. Implicitement, toujours, il nous reste à conclure que, si l'on peut désormais, selon les dires de la narratrice, boire dans des eaux historiquement polluées depuis longtemps, au moins depuis la Révolution industrielle, c'est que l'arrêt de l'activité humaine (minière, industrielle, agricole, de transports, etc.) aurait permis à la nature de reconquérir ses droits, et que la pollution se serait dissipée. Elle mentionne une première fois sa découverte solitaire, dans sa recherche de combustible et d'eau : "I do not remember which came first, becoming adapt at maintaining fires, and so shedding devices of that sort, or discovering that one could drink any water one wished again." (p. 18). Maintenant qu'elle est seule au monde, son usage du pronom impersonnel "one" perd ici sa généralité universelle, proche du "on" français, pour laisser entendre le sens numérique du mot, finalement proche de la première personne, mais d'une première personne dépersonnalisée, anonymisée, décentrée de soi, une personne unique sans individualisme, qui peut désormais boire n'importe quelle eau, n'importe où.

Après cette découverte, elle évoque des noms connus, qu'on devine lui être chers, parce qu'elle aimerait partager avec eux son émerveillement au sujet des rivières potables : "And why does it come to mind that I would like to inform Dylan Thomas that one can now kneel and drink from the Loire, or the Po, or the Mississippi?" (p. 26). Elle se perd alors dans des considérations de dates, Dylan Thomas étant mort (en 1953) avant que l'eau des fleuves soit redevenue potable. La question interpelle aussi les lecteurs, peut-être pour les laisser extrapoler quant à l'évocation éventuelle des autres poètes et écrivains qui ont rendu hommage à ces trois fleuves. Mais, sans chercher à pousser plus loin le questionnement ni à le mener jusqu'à un éventuel intertexte, elle conclut en affirmant : "And anyway, doubtless there was no specific date for pollution" (p. 26). Sans datation précise de la pollution ni de l'assainissement, le nettoyage naturel des cours d'eau laisse supposer que la narratrice serait seule au monde depuis plusieurs années. Remarquons que, si Markson (décédé en 2010) n'a pas vécu la pandémie de 2020, le confinement des populations pendant quelques semaines au cours de l'épidémie mondiale de COVID 19 nous a permis de constater que, pendant la suspension de nombreuses activités humaines, l'air des villes était nettement moins pollué, à échéance courte. Dans une hypothèse fictionnelle, très éloignée de toute expérience collective précise, Markson a ainsi envisagé, mais sans en décrire le processus, qu'un arrêt d'activité humaine prolongé et total aurait une conséquence directe sur la nature, pour un élément aussi vital que l'eau, et ce avant 1988. Dans un autre passage encore, soixante pages plus loin, la narratrice convoque une autre figure connue avec qui elle aimerait partager la bonne nouvelle de l'eau pure : "It is Joan Baez, I believe, whom I would like to inform that one can now kneel and drink from the Loire, or the Po, or the Mississippi" (p. 86). Joan Baez est connue pour son engagement pour la liberté, les droits civiques et l'écologie. La mentionner donnerait presque un air raisonnable, voire plausible, à cette fiction dystopique.

Dire à un poète ou à une chanteuse engagée qu'on peut boire l'eau des fleuves, ce n'est pas seulement une question de besoin élémentaire d'eau pour vivre, mais aussi une question de dévotion, comme l'expression de la génuflexion ("kneel and drink") le suggère dans les deux cas, séparés de soixante pages. C'est avec révérence qu'on doit boire, en hommage à la nature ainsi discrètement élevée au rang de déesse, digne récipiendaire d'un geste d'humilité, de soumission et de gratitude. La copule "and" peut soit signifier la simple concomitance ou succession rapide entre deux verbes, soit un objectif ou une intention, et dans ce cas, elle se traduit en français par "s'agenouiller pour boire" ; le traducteur, Martin Winckler, a choisi de rendre le passage par "on peut à présent s'agenouiller et boire de l'eau de la Loire ou du Pô ou du Mississippi" (WINCKLER, 1991, p. 28), mais on perd la connotation de dévotion. En anglais, l'expression suggère davantage que la simple indication pratique d'un geste à faire pour prélever de l'eau. La formulation appelle à boire l'eau de la terre avec un respect pour la nature et la vie que Joan Baez évoquait auprès de son public dans les années soixante du "Flower Power", et qu'elle a continué d'inspirer ensuite.

Dans ce contexte d'un changement radical du macrocosme, par lequel la nature semble reprendre ses droits sur la pollution humaine en l'absence d'humains, le corps de la narratrice est décrit comme inscrit dans la nature. Son microcosme biologique à elle renvoie l'image d'un autre changement naturel, qui décrit une temporalité mesurée par le corps.

Le corps du personnage

Le corps de la narratrice, bien que peu individualisé, est celui d'une femme d'une petite cinquantaine, en cours de ménopause, qu'elle appelle par son euphémisme désuet, "change of life" (p. 190). L'habileté de l'écrivain est ici révélée par les quelques précisions qui indiquent l'âge de la narratrice biologiquement, ce qui rend plus plausible l'identité du personnage. Ainsi décrite à travers le corps humain, la nature met en scène implicitement le passage du temps, les étapes de la fécondité féminine et de la vie. James Joyce faisait uriner Molly Bloom dans un pot de chambre, au dernier chapitre de *Ulysses*. Molly constatait alors qu'elle avait ses règles, source de soulagement alors qu'elle craignait d'être enceinte après une aventure adultère. Markson fait dire à son personnage qu'elle urine sur la plage, seule au monde. Elle n'a plus besoin des interdits sociaux de la bienséance. Chaque époque a son tabou. Si mentionner les règles d'un personnage féminin dans un roman faisait scandale en 1922, en 1988 encore, peu de romans parlent des règles intermittentes au moment de la ménopause, ni du "staining" (p. 204) au cours de la période charnière entre l'âge fécond et le suivant, d'une sexualité naturellement sans procréation. Son personnage entre dans quelques détails minimaux de la ménopause, souvent méconnue et peu décrite dans la littérature, peut-être parce qu'elle est assimilée seulement à un vieillissement, donc à une déchéance dans nos sociétés frappées de jeunisme. Selon la narratrice, c'est simplement un fait ; ce n'est ni une déchéance, ni une libération des règles, ni l'assurance d'une stabilité hormonale, mais un simple constat, dénué de commentaire, qui permet de schématiser une temporalité minimale. La première mention évoque un début de ménopause : "Conversely I am still menstruating. Irregularly, so that often it will go on for weeks, but then will not occur again until I have almost forgotten about it" (p. 14). La suivante récapitule sa vie pendant sa période de fécondité : "Throughout my life, my period has always managed to surprise me. / Even in spite of my generally having been out of sorts for some days beforehand, this is, which I will almost invariably have attributed to other causes" (p. 56). Elle fait ensuite une allusion à l'humeur de Cassandre, une humeur prémenstruelle, selon elle : "One has a fairly acute inkling as to when Cassandra may be having her period, for instance" (p. 108). Non sans humour, la mythologie grecque laisserait deviner un déterminisme biologique entre les épisodes d'humeur noire et le corps des personnages féminins, ce qui semble un trait d'humour plutôt masculin que féminin. Lorsque, page 137, elle mentionne avoir encore ses règles, ce qui rappelle la première mention, elle semble indiquer que sa narration se produit pendant la durée indéterminée de sa ménopause : "I am still having my period, by the way" (p. 137). Pour finir, la dernière mention marque la fin du processus de transition physiologique, une cinquantaine de pages avant la fin du roman : "Oh. And I have finally stopped staining, incidentally, which had begun to look like forever" (p. 204).

La narratrice signale ainsi autant la durée de sa narration que son âge par le changement hormonal, ou même par l'état de ses mains, puisque l'expression "It has come to show on the backs of my hands" (p. 14) marque un processus inscrit dans la durée ("come to"). Elle est précise sur son état présent, qui indique une temporalité statique proche du temps de son récit, mais elle reste vague sur son histoire passée. Sans relation amoureuse au moment de son écriture, elle évoque néanmoins un époux ou amant, et un fils, dont elle intervertit les prénoms d'un passage à l'autre du roman (v. Analyse stylistique), ce que plusieurs critiques n'ont pas manqué de remarquer. Comme le résume non sans humour Audrey Lemieux : "Elle aurait été mariée à un homme nommé Terry (ou Adam). De cet homme, elle aurait eu un fils, nommé Simon (ou Adam, ou Lucien), mort en bas âge et inhumé au Mexique. Elle aurait eu, par ailleurs, de nombreux amants : l'un d'entre eux se serait appelé Lucien — mais à la fin du roman apparaissent aussi Simon, Vincent, Ludwig et Terry" [LEMIEUX, 2010, p. 149]. Le corps est décrit à un instant précis, quoique inscrit dans un processus naturel d'une certaine durée, et pour tracer une flèche du temps désormais en arrêt sur image, il semble plus fiable que le déroulement historique d'une trajectoire de vie, dont les épisodes marquants ne sont ici plus attachés à des personnages nommés avec précision. L'époux d'une narratrice est d'habitude estimé important dans les récits traditionnels. On n'imagine guère Pénélope hésiter sur le nom de son époux vagabond et patiemment attendu, en se demandant s'il s'appelle Ulysse, Télémaque, ou encore, Éole ou Personne.

Le corps présent semble compter plus que l'histoire des relations humaines disparues, ce corps qu'elle lave en s'amusant, en marchant nue sous la pluie pour se rincer : "And in either event it was actually an amusing diversion, soaping myself and then walking that way until I was rinsed" (p. 204). Est-ce un hasard si elle mentionne, juste avant cette phrase, avoir remarqué qu'elle n'avait plus de pertes : "And I have finally stopped staining, incidentally, which had begun to look like forever" ? Elle jubile d'une averse qui la rince, et prétend au même moment que la période de la ménopause lui a semblé "éternelle" ("forever"), alors que l'éternité est par elle déplacée : ce n'est pas tant celle d'une durée qui lui a semblé longue, bien que circonscrite dans le temps, que celle de l'anhistoricité de son récit. L'éternité est finalement contenue dans un moment d'insouciance ou de plaisir éphémère.

L'arbre de sa féminité cache la forêt de sa perte de repère référentiel. Femme, elle semble l'être par son discours sur quelques clichés physiologiques généraux, sans que son propos ne relève d'une identité marquée par le genre, du moins pas principalement. Certains passages laissent même deviner un point de vue hétérosexuel masculin ("So perhaps it is the notion of Brahms having had an affair with somebody like Katharine Hepburn which strikes me as so agreeable.", p. 140). Son identité serait davantage celle d'une figure de Cassandre d'après une catastrophe générale qui dépasserait celle de sa famille, ou d'une figure symbolique de cette espèce, construction mythique susceptible d'expliquer un monde anhistorique, que celle d'une présence psychique obsédante. Osons un néologisme de néologisme : elle est finalement emblématique d'*asolastagie*, où le préfixe marquerait la privation, si la douleur est condamnée à rester privée de consolation. Cette douleur n'est pas seulement liée à un bouleversement climatique encore non pressenti, mais, avant tout, à un bouleversement que l'humanité a fait subir au monde de tous les vivants, et dont seule une survivante pourrait témoigner. Elle n'est pas une figure annonciatrice ni prophétesse, mais un regard de rétrospection sur la pollution générale et le meurtre infligés par l'humanité. Par son emploi de "looking" sans la préposition "for", elle ne cherche pas les coupables (après avoir ironiquement mentionné être, p. 22, à la recherche de Raskolnikov, meurtrier célèbre du roman de DOSTOÏEVSKI, *Crime et Châtiment*, 1866), et sans la préposition "at", elle regarde sans objet, ce qui n'est plus : "I do not remember when it was that I stopped looking" (p. 23). Elle n'est pas une Némésis, déesse grecque de la rétribution divine qui regarde le passé et le présent de sa juste colère pour châtier ou venger les transgressions, mais une Orphée féminisée, qui se retourne pour contempler le monde et ceux qu'elle a perdus, et qui se fige pour toujours.

La manie de brûler toutes sortes de combustible est d'abord pour la narratrice une façon de se chauffer dans les musées, où elle dit habiter. Au Louvre, (p. 14), ou encore au Rijksmuseum à Amsterdam, elle brûle les cadres des Rembrandt pour se chauffer (p. 16), mais aussi au Metropolitan Museum de New York, où elle va jusqu'à construire un conduit d'évacuation des fumées et décrit avec précision comment elle bricole les puits de lumière pour en faire des aérations : "What I had to do was shoot holes in the skylight, once I had constructed the chimney" (p. 14). Une fois qu'elle habite sur la plage, elle brûle pour se chauffer du bois flotté ("my driftwood", p. 87), des meubles ("certain items of furniture", p. 87), mais aussi du bois démonté des maisons ("dismantled lumber", p. 88). Sa première maison brûlée l'est par accident : "I am still not certain how that happened, though perhaps I had been cooking. For a moment I walked to the dunes to urinate, and when I looked back everything was ablaze" (p. 15). Elle revient brièvement sur les circonstances de l'accident cinquante pages plus loin, en précisant qu'elle avait renversé du kérozène qu'elle faisait brûler dans sa lampe à pétrole : "One moment I was adjusting the wick, and a moment after that the entire bedroom was ablaze" (p. 65). La maison brûlée lui sert de repère sur la plage, mais aussi de repère linguistique, puisque c'est le prétexte pour se demander si l'expression "la maison brûlée" a toujours du sens, une fois qu'il n'y a plus de maison puisqu'elle a brûlé. Sans le dire, ce questionnement fait allusion à la pensée de Wittgenstein sur le langage dans les *Recherches philosophiques* [PALLEAU-PAPIN, 2007, pp. 174-6]. Voir les restes calcinés de la maison brûlée lui sert aussi de repère temporel, puisqu'elle mesure le nombre d'années passées sur la plage au nombre d'hivers où elle a vu les décombres sous la neige : "The next snows will be my third here, I believe" (p. 15). Dans sa folie, la narratrice multiplie les repères spatio-temporels et linguistiques, dresse des listes des lieux habités et de ce qu'elle y brûle et garde l'apparence de la logique et de la raison, tandis qu'elle accumule enchaînements et locutions de liaisons, en particulier en début de phrase : "Once,", "Obviously,", "Actually," (p. 16). Malgré ces précisions et l'armature des liens logiques dans les phrases, la causalité et les motivations du personnage pyromane n'ont rien d'évident, en dehors de ses nécessités psychiques (qui seraient d'ordre réaliste) dont les lecteurs ne connaissent pas les enchaînements, par manque de développement introspectif. Outre un besoin de se chauffer qui semble compréhensible, son désir de détruire demeure inexpliqué et ne peut s'appréhender que par hypothèses et par rapprochements espacés dans le texte, que le personnage n'établit pas directement, mais qui reviennent suffisamment souvent pour établir un réseau de sens. Si l'on avait affaire à un cas psychologiquement développé, la pyromanie du début du roman s'expliquerait peut-être par un prolongement de son geste désespéré, après la mort de son fils, lorsqu'elle a mis le feu à sa chambre : "What I did was spill gasoline all over Simon's old room" (p. 18). Elle revient sur ce geste plus de deux cents pages plus loin, en attirant l'attention sur son inexplicable impulsion de détruire la chambre de son fils mort : "There being certain things that one will never ever know, and can never ever even guess at. / Such as why I spilled gasoline all over his old room on that very next morning, for that matter" (p. 224). L'utilisation de la forme en –ing et de la tournure impersonnelle "There being" signale un retour sur expérience, une révision rétrospective, alors que le reste de la phrase reste très vague quant à un contenu sémantique de cette rétrospection. Dans le cas d'un personnage minimaliste, sans suggestion de profondeur psychologique et dont l'effet-personnage se compose de fragments, la pulsion de destruction s'associe à d'autres mentions de pyromanie pour composer un discours disjoint, laissé à la responsabilité des lecteurs qui relient les fragments ayant un rapport thématique avec l'action de brûler. Ici, le retour sur une mention faite deux cent six pages auparavant (à la page 18) se contente d'attirer l'attention sur le phénomène inexpliqué, en mettant en avant son mystère pour la voix énonciative, qui invite implicitement le destinataire de l'énonciation à "deviner" ce dont il pourrait s'agir, dans la phrase atemporelle, sans conjugaison, qui reste suspendue à la préposition finale, ouverte sur le vide : "guess at." La devinette semble évidente s'il s'agit d'une explication psychologique : en brûlant la chambre, et par conséquent la maison où la famille habitait, au Mexique, la mère exprime sa colère, sa culpabilité peut-être, d'avoir laissé son enfant mourir, suggérant la négligence. Elle brûle le foyer familial qui se disloque après la mort de l'enfant, à moins que le couple ait déjà été fragile avant l'événement, ce qui suggère une responsabilité conjointe des parents désunis, comme dans la nouvelle "Healthy Kate" qui servit d'ébauche au roman. Mais l'explication se complique, si l'on met en relation les différentes mentions de sa pyromanie ; alors la chambre incendiée, puis la maison, puis les autres maisons brûlées dans un autre pays, tout finit par devenir l'histoire d'une colère plus universelle, qui touche l'ensemble du macrocosme dans lequel ce drame familial s'inscrit.

"What I did later, with the pages from the life of Brahms, was to toss those into the breeze in the hope that the ash might take flight" (p. 95). Quand il ne reste plus d'interprètes pour jouer la musique de Brahms, quand il ne reste plus de musicien vivant pour composer de nouveaux morceaux, brûler des pages de partitions et confier leurs cendres au vent reste le seul geste possible pour elle. "Performance" artistique et "happening", le geste figure le manque et l'espoir impuissant, l'immolation par le feu évoquant peut-être une forme de rituel de deuil, comme une crémation. Quand la culture s'arrête par manque de transmission entre les vivants, la narratrice respecte les artéfacts, s'autoproclame "conservatrice du monde entier", qui garde à l'esprit la mémoire de la culture : "So that it is like a bloody museum, sometimes. / Or as if I have been appointed the curator of all the world" (p. 251).

Elle observe de mystérieuses pluies de cendres qui arrivent sur la plage, sans que leur provenance soit connue : "Now and again, things burn. I do not mean when I have set fire to them myself, but out of natural happenstance. And so bits and pieces of residue will sometimes be wafted great distances, or to astonishing heights" (p. 35).

La narratrice fait finalement état des cendres de la guerre de Troie, en insistant sur la fiction d'une telle hypothèse : "So that what I am more truthfully making believe is that the fires are Greek watchfires, where they have been lighted along the shore" (p. 265). Elle enchaîne sur l'innocuité de cette hypothèse, sous-entendant qu'il y aurait d'autres hypothèses plus sombres, plus douloureuses, qu'elle n'énonce pas : "Well, that certainly being a harmless enough thing to make believe" (p. 265).

Il se tourne deux cent trente pages entre la première mention inexpliquée des cendres sur la plage et celle des hypothétiques feux de la guerre de Troie, à la fin du roman. Il faut en effet attendre les dernières pages pour voir apparaître un récapitulatif, avec la mention inexpliquée de cendres sur la plage, d'abord vues comme l'illusion d'une mouette qui rappelle les mentions de mouettes qui ont précédé, dont celle que Wittgenstein avait apprivoisée. Dans ce qui semble être un nœud du texte, une série de cinq paragraphes constitués chacun d'une seule phrase décrit un raisonnement consécutif, ininterrompu, quoique énigmatique. Citons le passage en entier :

> A certain amount of this sort of thing can actually sometimes almost begin to worry me, to tell the truth.
>
> Even if there would appear to be no record as to what name Wittgenstein ever did pick out for that seagull, on the other hand.
>
> Well, my reason for bringing this up again being because it was a seagull that brought me to this very beach, as it happens.
>
> High, high, against the clouds, little more than a speck, but then swooping in the direction of the sea.
>
> Except that the seagull was in no way a real seagull either, of course, being only ash. (p. 214)

Ce passage marque un point (de capiton) où des fils épars du discours se rassemblent pour la narratrice, un nœud de sens qui réunit les différentes strates superposées d'un discours jusqu'alors disjoint. Elle cherche à établir un lien avec le monde, en jonglant entre le philosophe, la mouette et la cendre. La première phrase semble commenter les deux affirmations précédentes au passage, qui posent toutes deux le problème du lien entre le langage et le monde. L'une concerne un jeu logique de langage sur le vrai et le faux de l'herbe artificielle, l'autre pose la question du lieu de naissance de Dimitri Chostakovitch : "For that matter what city was Dmitri Shostakovitch born in?" (p. 213). Cette dernière, simple question, semble évoquer un rapport factuel avec le réel, appelant une réponse simple alors qu'il n'en est rien, puisque le compositeur russe est né en 1906 à Saint-Pétersbourg, nom germanique qui fut russifié en 1914 en Pétrograd (en réaction à la Première Guerre mondiale), puis devint Léningrad en 1924, avant de redevenir Saint-Pétersbourg à partir de 1991 (après la publication du roman). À la page précédente, la narratrice s'était posé la question, qu'elle semble déjà avoir oubliée : "And why do I only at this instant realize that Leningrad was still called St. Petersburg when Shostakovitch was born there?" (p. 212). Au moment de l'écriture, donc, la narratrice a du mal à retrouver le nom de la ville où naquit le compositeur, et pour cause. Comme elle venait de l'écrire, puis de l'oublier, le compositeur est né dans une ville qui n'existe plus sous ce nom, ce qui l'embarrasse. Elle s'accroche au langage comme si c'était une garantie absolue de sens et d'ancrage dans la réalité, mais uniquement dans l'instant de l'énonciation. Penser que Saint-Pétersbourg n'existerait pas parce que ce nom n'existe plus dans son présent de l'écriture, voilà qui révèle une conception cratylique du langage, par laquelle les mots correspondent exactement à la nature des choses dont ils seraient une émanation directe. Pour elle, il n'y a pas de rapport analogique entre les mots et les choses, comme Wittgenstein le défendait dans sa philosophie. L'expression familière d'avoir des nœuds au cerveau n'a jamais tant fait sens. Suivant sa conception du langage, la narratrice se fait des nœuds au cerveau dans sa ratiocination comique concernant l'herbe artificielle, se demandant "si l'herbe qui n'est pas vraie est réelle, comme elle l'est sans conteste, comment faire la différence entre ce qui fait que l'herbe qui n'est pas vraie est réelle et ce qui fait que l'herbe vraie est réelle, alors?" [WINCKLER, p. 233]. En anglais, l'expression est encore plus troublante parce que le même adjectif "real" est utilisé jusqu'à en perdre la raison : "what would be the difference between the way grass that is not real is real and the way real grass is real, then?" (p. 213). Entre une ville qui n'existe plus et une herbe artificielle qui est réelle alors que l'herbe réelle l'est aussi, les mots décollent du monde, puisque le même mot de "réel" s'applique à l'herbe synthétique comme à l'herbe naturelle. Tant et si bien que le début du passage suivi cité plus haut fait référence à ces deux questions sur l'aptitude du langage à désigner le monde, par la *déixis* "this sort of thing" en première phrase. Ce qui la chagrine, c'est une question de logique, qu'elle désigne par l'expression "ce genre de chose", comme si elle parlait d'une "chose" bien réelle, justement. Les raisonnements logiques qui s'emballent et qui finissent par révéler un fétichisme des mots pour désigner le monde, voilà son quotidien, source d'angoisse. Mais le jeu sur la logique linguistique masque une angoisse qui ne dit pas son objet. Ou bien, en d'autres termes, l'inanité de son verbiage pseudo-logique, sur les bases d'une conception cratylique et donc erronée, révèle le masque de ce qu'elle ne peut ou qu'elle ne veut pas dire. Et ce masque est si gros, si ridicule, si lourdement souligné, qu'il montre au lieu de dissimuler.

Sous le masque, quel serait donc le rapport entre Wittgenstein, la mouette qu'il a à moitié apprivoisée dans son isolement (au bord de la mer) mais vraisemblablement sans jamais la nommer, et la mouette que la narratrice imagine, mais qui semble n'être que particules de cendre apportées par le vent ? Ne pas nommer la vraie mouette du philosophe, qui relève d'une illusion de mouette pour la narratrice, quand le mot mouette en vient à désigner de la cendre, le jeu logique de masques linguistiques sert à signifier ce qu'elle n'affirme jamais. Elle fait le lien entre la guerre de Troie et la Première Guerre mondiale, entre le Hellespont et les Dardanelles, parle des cendres de la guerre de Troie à plusieurs reprises ("I was almost positive one could still see the Greek watchfires, being lighted along the shore.", p. 17, puis p. 265), pour mieux taire les cendres humaines de la Deuxième Guerre mondiale, mais en les signifiant sans relâche [Palleau-Papin, 2007, pp. 170, 186]. Son usage de la forme en –ing est à ce titre révélatrice d'un présupposé partagé entre la narratrice et ses lecteurs, qui doivent savoir à quoi s'en tenir et qui comprennent implicitement par cette forme grammaticale ce qu'elle veut dire, d'autant plus que la locution adverbiale "of course" renforce l'évidence : "of course, being only ash" (p. 214).

La cendre évocatrice de la Shoah a été préparée dès le début du roman, par un paragraphe sur de mystérieux incendies dont la narratrice contemple les particules résiduelles : "Now and again, things burn. I do not mean only when I have set fire to them myself, but out of natural happenstance. And so bits and pieces of residue will sometimes be wafted great distances, or to astonishing heights" (p. 35). Dans le même passage, elle remet en question l'existence de la mouette, et affirme immédiatement : "It is the seagull which brought me to this beach, that I am speaking about now" (p. 35). Le paradoxe de la mouette, qui motive la narratrice dans ses déplacements alors qu'elle n'existe pas, établit d'entrée de jeu un élément mystérieux qui fait déjà figure d'énigme, présenté comme une illusion, puisque cette mouette non existante est décrite comme "little more than a speck" (*Ibid.*). Une poussière de cendre, une particule portée par le vent, vient pourtant figurer une compagnie pour la narratrice qui, à la fin du roman, en regrette désormais l'absence : "Although even just to see some floating ash again would be agreeable, too" (p. 264). L'adverbe "even" qu'elle emploie ici, puis immédiatement dans le paragraphe suivant, sert de rebond à sa pensée et souligne le manque : "Even if one would hardly go to the trouble to name some floating ash, on the other hand" (p. 264). On ne nomme ni une mouette, même quand on s'appelle Wittgenstein et qu'on en a apprivoisé une, ni de la cendre qui signifie un deuil impossible, forcément mélancolique. Mais l'une comme l'autre incarnent une présence pour la narratrice, celle d'une relation à ce qui n'est plus, comme un souvenir qui l'habite encore, qui la hante.

Son souvenir des morts, figurés par la cendre, est universel, puisqu'un détail tend à prouver qu'elle n'est pas juive, lorsqu'elle affirme : "Even if Spinoza may have preferred Latin. Or Jewish" (p. 159). On ne parle pas le "juif", qui n'est pas une langue, mais le yiddish ou l'hébreu [Palleau-Papin, 2007, p. 186]. La cendre qu'elle imagine pour compagnie, c'est la jeunesse de la guerre de Troie, c'est aussi l'humanité qui s'est consumée dans les fours crématoires des camps de la mort, et, enfin, c'est le geste que fait la narratrice quand elle brûle des livres sur la plage, non pas pour faire un autodafé de la culture, mais pour exorciser le geste de destruction. Elle peut brûler des livres, finalement, parce qu'il n'y a plus personne pour les lire, ni plus personne pour en écrire d'autres, quand la nature animale (comme humaine) a disparu, quand la culture et la vie s'éteindront avec elle.

Négativement, en montrant une dystopie mélancolique, la narratrice signale ce qui, dans la culture, aboutit à une catastrophe mortifère. À sa manière, ce roman invite donc à "réparer le monde", selon le titre qu'Alexandre Geffen a donné à son étude de la littérature au XXIe siècle (CORTI, 2017). Le temps de l'écriture signale ici un après-coup, un ultimatum dépassé, quand il est trop tard, et invite à une rétrospection. Geffen emprunte à la mystique hébraïque "le *tikkun olam*" (textuellement : "réparer le monde"), une doctrine de la responsabilité et de la réparation du monde" [GEFFEN, 2017, p. 17], qui relève du souci éthique de soi et d'autrui, dans une visée de rétribution. Sa dimension thérapeutique, aujourd'hui remise au premier plan dans la philosophie du "care", vise à panser les blessures des traumatismes et à développer l'empathie pour éviter que se prolongent souffrances et injustices. Par petites touches, les injustices sont signalées dans le roman, indiquant sans développement des trajectoires à revoir pour éviter le désastre, ou plutôt, le réparer une fois qu'il a eu lieu. Grâce à l'absence de développement justement, par l'accumulation de mentions énigmatiques, dénuées de conclusion synthétique, Markson parvient à éviter "une thématique de la réparation comme une forme de justice textuelle qui tend à devenir un poncif littéraire." [GEFFEN, 2017, p. 225]. Ce n'est pas un récit d'appel à la vengeance, mais à la réflexion et à la réparation. Nous allons maintenant examiner la notion de trajectoire dans le roman, puis les exemples fournis dans le texte pour suggérer un soin à apporter, qui vienne modifier une trajectoire antérieure mal choisie, mais sans didactisme.

LE *CLINAMEN*

Sous-jacente au texte de Markson, la notion épicurienne de *clinamen*, ou déviation des atomes, permet de définir la trajectoire dans le roman comme une métaphore fonctionnelle non seulement à la lecture des fragments qu'on choisit de mettre en relation avec d'autres, mais aussi comme une métaphore symbolique du libre arbitre et de nos choix éthiques. Le *clinamen* se définit comme suit :

> Utilisé par Lucrèce (qui le traduit sans doute du grec *ekklisis*, 'évitement'), il désigne la déviation spontanée des atomes sans laquelle, tombant comme des gouttes de pluie, parallèlement les uns aux autres et à la même vitesse, ils ne pourraient se rencontrer, s'agglomérer et former des corps. En l'absence du *clinamen*, 'la nature n'eut rien créé', dit Épicure. Ignoré des premiers atomistes, ce principe physique, inaccessible à la connaissance parce qu'interne à l'atome, sert aussi la psychologie. Il permet à Lucrèce d'expliquer le libre-arbitre.
>
> (https://www.philomag.com/lexique/clinamen, consulté le 17 juillet 2023).

La déviation des atomes de leur trajectoire est ce qui permet de sortir de l'équidistance, présentée comme ridicule, dans un trait d'humour qui s'amuse du pléonasme "equidistant from each other" (p. 102). L'équidistance serait du côté des gouttes de pluie parallèles, qui ne produisent aucune rencontre ni nouveauté, parce qu'elles n'agrègent rien ni ne forment aucun corps. Comme le pléonasme, leur déplacement prévisible ne présente guère d'intérêt, leurs atomes restent séparés, inchangés les uns par les autres, ni reliés, ni déliés, ni déviés. Le principe de l'équidistance ne participe pas de la dialectique du hasard ou de la nécessité des rencontres, qu'elles soient fortuites ou déterminées. Or l'ensemble des fragments de la narratrice ne cesse de proposer des rencontres inattendues, qui constituent l'intérêt du roman. Ces rencontres sont parfois formulées comme un retour du refoulé, comme un surgissement soudain de la mémoire enfouie dans l'inconscient, mais sans développement d'une profondeur psychologique : "In fact I have no doubt that I have more than once written things that I did not even remember I remembered until I wrote them" (p. 174). Cette réflexion sur la fonction mnésique de l'écriture mène rapidement, dès la page suivante, la narratrice à établir des déviations qui créent de nouveaux rapprochements, dont soudain la profusion des rencontres semble incompréhensible : "As I also said, however, the fact that

El Greco may have known St. Teresa and St. John of the Cross was something I did not remember I remembered until the very moment in which I was writing what I wrote about Rembrandt and Spinoza" (p. 175). Le point de rencontre de ces personnages est d'abord géographique, mais aussi analogique. La narratrice explique ainsi son rapprochement, digne d'un *clinamen*: "For instance when I was writing about the fact that Rembrandt and Spinoza had lived in Amsterdam at the same time, which I had learned from a footnote, I suddenly remembered from a different footnote entirely that when El Greco had lived in Toledo such people as St. Teresa and St. John of the Cross had lived there, too" (p. 174). Par proximité géographique, deux personnages ont vécu à Amsterdam et auraient pu s'y croiser, et, par analogie, elle conclut que deux autres ont pu aussi se croiser, mais à Tolède. Et, enfin, leur point de rencontre est paratextuel, puisque c'est en lectrice avide des notes de bas de page que la narratrice établit un rapprochement, ce qu'elle appelle en début de phrase un exemple, un cas donné pour sa valeur exemplaire, "for instance", c'est-à-dire ce qui étymologiquement est à proximité (*in-stantia*) ou dans l'instant (*instans, -antis*). L'exemple est tiré du paratexte d'ouvrages plus traditionnels, où figurent les ajouts qui ne sont pas indispensables au texte, où l'on consigne en général les mentions anecdotiques, jugées moins importantes ou moins centrales que le développement donné dans le corps du texte.

La narratrice mêle ainsi trois sortes de déviation, géographique, analogique et textuelle : c'est en écrivant que ses rapprochements fictionnels convergent, sur sa page seulement. Le rapprochement ne peut guère être historique, mais les télescopages qui dépassent l'histoire connue n'embarrassent guère la narratrice ; bien au contraire, puisqu'elle cherche à mettre en perspective l'histoire de l'humanité par des convergences inattendues. Si Sainte Thérèse d'Avila (1515-1582) et Saint Jean de la Croix (1542-1591) se sont rencontrés et influencés (selon les recherches de Maryvonne Bonnard), aucune rencontre n'est avérée entre El Greco (1541-1614) et Saint Jean de la Croix : "Les deux grands artistes – maître du pinceau et maître spirituel – ne se sont probablement jamais rencontrés, même s'il est impossible qu'ils n'aient pas entendu parler l'un de l'autre" [JANOCHA, 2016, p. 211]. Quant à Rembrandt (1606 ou 1607-1669) et à Spinoza (1632-1677), ils étaient contemporains et voisins à Amsterdam et ils furent frappés de la foudre des autorités le même jour, des documents l'attestent : "Le 26 juillet 1656, Spinoza était exilé d'Amsterdam par un arrêt du

Magistrat, à la demande des Rabbins qui l'avaient excommunié la veille. Le même jour, Rembrandt assistait, atterré, à la saisie de ses collections et de ses meubles, ordonnée, aussi dès la veille, par les mêmes autorités" [COPPIER, 1916, p. 160]. À la suite de cette coïncidence et de la proximité géographique des deux hommes, André-Charles Coppier analyse les traces de l'excommunication de Spinoza dans les tableaux de Rembrandt. Dans le roman de Markson, telle une biographe démiurge, la narratrice fait se produire sur la page du roman les rencontres dont on ignore presque tout, quand elles ont eu lieu, mais aussi, celles qui n'ont pas eu lieu autrement qu'indirectement, par réputation ou par œuvres interposées. Le cours de l'art et du monde se trouvent ainsi renforcés d'une certitude que les recherches pressentent en analysant les œuvres, mais sans pouvoir la certifier, par manque de documentation. Une convergence de vues s'affirme ainsi, une incidence de rencontres qui glorifie les idées philosophiques ou spirituelles que partageaient ces grandes figures, bien au-delà d'une simple coïncidence. On peut dire que l'écriture de Markson force le *clinamen* des rencontres idéologiques, par le biais de son personnage fantasque. Il est à ce titre révélateur que l'adverbe "incidentally" (employé deux fois à la p. 209) devienne dans l'écriture de la narratrice un indice de la chute des atomes qui dévient vers une autre direction (*in-cedere*), et une façon de marquer une rencontre qu'on souhaite affirmer, bien au-delà d'un hasard fortuit. L'adverbe est associé à l'événement qui fait date et à son écriture, ici au sujet de la maison qu'elle brûle par accident, en renversant la lampe à pétrole : "Walking in the rain I have not gone much farther than to where one can see the toilet fastened to pipes on the second floor of the house where I knocked over the kerozene lamp, incidentally" (p. 209). Dans son récit, cet événement fait date. Il lui permet de revenir aussi sur le problème du langage et de ses "imprécisions", puisqu'il n'y a plus de deuxième étage quand il n'y a plus de maison, autre façon de se poser la question du matériau même de l'historienne, l'écriture et la précision du langage. Et sans lien évident, autre que de rassembler les premières grandes figures d'une spécialité, peintre ou historien, elle mentionne sur la même page Hérodote, souvent considéré comme le premier historien : "And Herodotus was almost always spoken about as having been the first person ever to write down any real history, incidentally." Elle ajoute, au paragraphe suivant : "Even if I am not especially overjoyed at being the last" (p. 209). L'incidence du monde et les déviations malheureuses de trajectoire ont fait d'elle la dernière de sa spécialité, à la fois peintre et historienne de l'humanité défunte, à sa manière disjointe, qui doute du langage et d'elle-même.

Elle doute du langage, mais ferait mieux de douter de sa méthode, parce qu'elle est une historienne qui renoue avec les anecdotes, qui se nourrit des coïncidences, réelles ou supposées, un peu à la manière très libre de Giorgio Vasari (1511-1574), souvent considéré comme le premier historien d'art pour son recueil biographique, *Les Vies des meilleurs peintres, sculpteurs et architectes* (abrégé en italien : *Le Vite*, 1550). Elle se pose la question du hasard des coïncidences, qui pourraient révéler la nécessité d'un lien caché, bien qu'elle s'en défende : "I have no wish to imply anything in regard to this coincidence, either. / A certain number of such connections do appear to keep on coming up, however" (p. 109). Elle traque les failles, les révélations inattendues, les liens qui ne sont évidents que pour elle, et dont le lecteur doit se faire l'herméneute : "Being sweaty after hitting tennis balls would hardly have appeared to be connected to the subject of Richard Strauss getting into bed to die, for instance, though it proved to be connected to that subject" (p. 135). Cette phrase présente une énigme que seule une mise en relation des segments précédents sur les balles de tennis permet d'essayer de résoudre.

Image récurrente du *clinamen* dans le roman, les balles de tennis apparaissent pour la première fois à Rome :

> Once, from the top of the Spanish Steps in Rome, for no reason except that I had come upon a Volkswagen van full of them, I let hundreds of tennis balls bounce one after the other to the bottom, every which way possible.
>
> Watching how they struck tiny irregularities or worn spots in the stone, and changed direction, or guessing how far across the piazza down below each one of them would go.
>
> Several of them bounced catty-corner and struck the house where John Keats died, in fact. (p. 17)

Ce passage déploie les balancements du hasard et de la nécessité dans l'enchaînement des causalités, explicites et implicites, dès le premier paradoxe : "for no reason except that I had come upon". Il signale dans la première partie du segment une absence de raison, immédiatement modifiée par le régime de l'exception, avec le verbe "come upon" qui indique la rencontre fortuite, comme si c'était une raison nécessaire et suffisante pour justifier le geste qui suit. Sans chercher à savoir pourquoi elle trouve sur sa route un minibus

Wolkswagen rempli de balles de tennis, chose pour le moins inattendue, la narratrice déverse cette cargaison invraisemblable en haut des marches du célèbre escalier de Rome, une à une ("one after the other"). Elle consacre le paragraphe suivant à l'observation de leur trajectoire, comme s'il s'agissait d'une expérience scientifique du plus grand sérieux. L'enchaînement des propositions, sans affect dans le ton, sans humour discernable, pose toutefois une série de questions, toutes de l'ordre de la connotation. Le sens de la dénotation est donné comme allant de soi (une voiture contient des balles de tennis, simple constat sans autre explication), mais la précision de la marque et du modèle semble connoter une époque, celle du "flower power" des hippies dans les années 60 et 70, celle des voyages de groupe alors que la narratrice se trouve seule au monde, tandis que l'étude de la trajectoire des balles renvoie à une observation physique à échelle humaine de leurs rebonds sur les minuscules variations de la surface. Pourquoi ? Comment ? Que se passe-t-il ? La mise en récit de cette action reste une ellipse, dont on ne peut que guetter les indications linguistiques, dans l'espoir qu'elles puissent livrer quelques clefs de compréhension, dans l'espoir que les gestes de la narratrice auraient un sens qui construise une diégèse.

Non seulement elle observe, mais elle cherche aussi à anticiper la trajectoire des balles : "guessing how far across the piazza down below each one of them would go." C'est une gageure, parce qu'elle se pose la question pour chacune des balles, avec la grande précision linguistique de "each one of them", plus insistante que si elle avait simplement écrit "each". Il s'agit, écrit-elle, d'observer chaque balle de la cargaison déversée l'une après l'autre. La narratrice est maniaque, comme son obsession sur la précision du langage tend à le montrer par ailleurs, mais, dans ce cas, elle est même d'une précision ahurissante, comme si elle observait avec une hypermnésie et à plus grande échelle les atomes de la matière dans leur trajectoire, en appliquant non seulement la méthode d'investigation philosophique épicurienne sur la déviation des atomes, mais aussi les techniques scientifiques plus proches de son époque depuis Newton, sur les traces d'Albert Einstein qui étudiait la relativité et la scission de l'atome. Elle ne parle pas de durée, mais jeter l'une après l'autre autant de balles de tennis qu'en contient un minibus prend du temps. Elle fait aussi défiler l'histoire des idées, de la science et de la créativité sur plusieurs millénaires, en tous sens, puisqu'Épicure rencontre Oppenheimer, qui rencontre Keats en bas et à la diagonale des marches : "Several of them bounced catty-corner and struck the house where John Keats died, in fact." La précision de la trajectoire diagonale ("catty-corner"), l'indication d'un sous-groupe de balles ("several of them"), et, pour finir, la locution adverbiale ("in fact"), tout dans le style cherche à rendre compte d'une expérience scientifique accrochée au réel, au fait ("fact"), pour montrer que la trajectoire a sa propre nécessité dans la nature physique du monde et pour connoter que cette nécessité se retrouve aussi dans la rencontre métaphysique ou philosophique d'un contact indiciel avec le lieu où mourut John Keats (1795-1821). La narratrice reconstitue, comme une expérience de laboratoire, les conditions d'un contact, "happening" expérimental qui, en se produisant, fait le lien visible entre des éléments disparates, à des époques différentes, pour un même concept. Le minibus Wolkswagen des années 70 rencontre ainsi, par l'intermédiaire de balles de tennis dans leur chute, le lieu de mort d'un poète romantique anglais qui, on le sait peut-être hors texte, arriva là presque par hasard, pour soigner sa tuberculose. Suggérant que les lieux auraient une mémoire (la plaque posée sur la maison où mourut Keats l'atteste) et que, dans leur chute et leurs déviations de trajectoire, les balles figureraient des atomes se déplaçant dans le temps et dans l'espace, le geste fait advenir un rapprochement inattendu, inexpliqué, qui n'a finalement de sens que celui qu'on lui attribue, comme le rôle du hasard dans la vie.

Par la suite, ce déversement des balles de tennis est assez important pour servir de repère temporel à d'autres actions : "All of this was some time before I rolled the tennis balls down the Spanish Steps in Rome, by the way.", affirme-t-elle seize pages plus loin dans sa narration (p. 33). La narratrice établit un lien direct, bien qu'elle ne l'explique pas de manière évidente, entre le moment où elle jette successivement treize réveils (dans l'État du Mississippi, p. 33, ou bien dans l'Arno, p. 255) et celui où elle jette une cargaison de balles (à Rome) : "I make the connection between getting rid of the watches and rolling the tennis balls down the Spanish Steps because I am positive that getting rid of the watches also occurred before I saw the cat, which was likewise in Rome" (p. 33). C'est au lecteur qu'il revient de relier les deux gestes qui simulent le *clinamen* à grande échelle, d'abord (chronologiquement) dans une mise en scène de l'écoulement du temps, lorsqu'elle jette successivement treize réveils dans la rivière une fois que chacun ait sonné, après avoir remarqué qu'ils ne sonnaient jamais en même temps, et puis, dans une mise en scène d'une déviation spatiale, lorsqu'elle observe la trajectoire des balles de tennis dans leur chute. Sa mention du chat semble ici relever de la digression, à moins que ce soit justement une façon de faire dévier ses propres fragments, la narration étant alors comprise comme une chute de phrases, dont chacune peut dévier et s'agréger à d'autres pour former de nouveaux corps de récits au fil de l'énonciation. De même, chaque réveil sonne selon une flèche du temps qui lui est propre, tandis que chaque balle frappe à sa manière "les minuscules aspérités ou les zones usées de la pierre" [WINCKLER, p. 18] et dévie de sa trajectoire, pour frapper ou non la maison de Keats et suggérer d'autres liaisons possibles dans l'espace et dans le temps. Elle répète encore ce geste, quand elle utilise un téléphone à pièces : "Once, near Lake Como, at a stone stairway that reminded me somewhat of the Spanish Steps, I put several loose coins that had been lying in my Jeep into a public telephone, intending to ask for Giovanni Keats" (p. 35).

La mention de Keats revient elle aussi, pour suggérer une déviation qui fait se rencontrer les trajectoires du poète anglais et du compositeur Johannes Brahms (1833-1897), lorsque la narratrice mélange le prénom de l'un et le nom de l'autre, quand elle affirme lire les titres des ouvrages trouvés dans la cave de la maison : "Such as Johannes Keats, for instance" (p. 190). Plusieurs déviations de trajectoire narratives ont lieu dans cette courte proposition nominale, où les atomes énonciatifs d'autres propositions se rencontrent. Examinons ici les rencontres et rebonds possibles vers d'autres propositions que la phrase suggère.

Une de ces trajectoires fait référence à la traduction du prénom de John Keats en italien sur la plaque de la maison où il mourut, sur la Place d'Espagne, à Rome, par la simple phrase : "Giovanni Keats, it calls him" (p. 17). C'est un fait qui est vérifiable, puisque la plaque apposée à la maison (aujourd'hui le musée Keats-Shelley, Piazza di Spagna, 26) porte la mention en italien : "L'INGLESE POETA GIOVANNI KEATS MENTE MARVIGLIOSA QUANTO PRECOCE MORÍ IN QUESTA CASA LI 24 FEBBRAIO 1821 VENTESIMOSESTO DELL'ETÀ SUA" ; puis en anglais : "THE YOUNG ENGLISH POET JOHN KEATS DIED IN THIS HOUSE ON THE 24TH FEBRUARY 1821 AGED 25" (Page Wikipédia de John Keats, consultée le 21 juillet 2023). Cette mention fait elle-même écho à d'autres, à la manière de Wittgenstein sur la précision du langage, quand la narratrice cherche par exemple à savoir si un message écrit dans une langue qu'on ne comprend pas, ou bien dans un alphabet qu'on ne lit pas, reste un message porteur de sens. La rencontre est thématique aussi, parce que, même si Keats et Brahms n'étaient pas contemporains, ils ont contribué au romantisme, chacun dans son art.

Les déviations de la trajectoire sont infinies, puisque la mention de signes ou d'un alphabet qu'on ne saurait déchiffrer, et qui donc représenteraient pour l'observatrice des signes reconnaissables comme une calligraphie, mais une calligraphie "étrange" ou "étrangère", font rebondir soit vers l'écriture à l'envers de Léonard de Vinci dans ses carnets (p. 78), soit à la mention poétique récurrente de "strange calligraphy" dans le paysage enneigé : "Winters, when the snows come and the trees write their strange calligraphy against the whiteness, sometimes the only other demarcation is that of my path to the spring" (p. 86). Mais revenons à la succession des déviations. Ou encore, pour reprendre le texte du roman sous forme de métatexte, ne nous laissons pas séduire par les sirènes des déviations de trajectoires multiples, et tentons sans relâche, sans céder à l'entropie et à la folie, de trouver un semblant de fil conducteur dans les chutes des balles de l'énonciation. Dans l'observation des éléments, attachons-nous au mât du navire, tel un Ulysse ou un Turner dans la tempête.

John Keats devient Giovanni Keats sur la plaque apposée à la maison romaine. Ce "Giovanni Keats" marque une première déviation du nom. La deuxième déviation, celle de Johannes Keats, croise John / Giovanni Keats et Johannes Brahms. C'est une déviation double, à la fois traduction de John, comme Giovanni, mais en allemand cette fois, et rapprochement du poète et du compositeur, tous deux romantiques. Dans un autre passage, la déviation est suggérée aussi par un accrochage en voiture, comme si la chute des atomes de la philosophie épicurienne se modélisait aussi par les heurts de pare-chocs. La narratrice hésite entre plusieurs accidents de voiture possibles, au moment où, justement, elle lisait une biographie de Brahms : "Still, one moment I was reading the life of Brahms, and a moment after that, whoosh! there went the frightening thing right past me" (p. 83). Elle mentionne alors un autre moment où, garée en Angleterre, elle voit passer une voiture vide à côté d'elle, qui descend une pente, et se demande si ce véhicule a heurté quelque chose, admet qu'elle n'a pas vu de heurt, mais suppose que, dans sa chute sur la pente, il a dû heurter quelque chose sur sa trajectoire : "All I am assuming when I say it crashed into something else is surely there would have had to be other obstacles in its path sooner or later" (p. 83). En résumé, elle propose donc plusieurs modèles de *clinamen*, l'un temporel avec l'image des treize réveils qui sonnent l'un après l'autre et qu'elle jette, l'un physique avec les balles de tennis dont elle observe la trajectoire jusqu'à la maison de Keats, l'un qu'on pourrait qualifier de communicationnel, avec les pièces qui tombent dans un téléphone public pour appeler Keats, comme si chaque chute de pièce pouvait avoir une trajectoire qui établisse une communication avec le poète, et un autre encore, à plus grande échelle atomique, modélisé à partir de voitures en chute sur un pan incliné, dont elle imagine la suite de la trajectoire et ses heurts, sans toutefois l'observer jusqu'au bout.

Enfin, appuyé par la mention récurrente de Brahms, le *clinamen* relie aussi les mystérieuses cendres apportées par le vent et celles que la narratrice produit, dans un *happening* qui cherche à transcender leur image de destruction. Grâce à son geste digne d'une *performance* artistique, elle semble chercher à les faire passer d'un symbole de mort à une envolée presque romantique, par laquelle l'art aurait prise sur le monde et serait source de "fuite" ou d'élévation : "What I did later, with the pages from the life of Brahms, was to toss those into the breeze in the hope that the ash might take flight" (p. 95). Qu'il soit sublimé par un geste symbolique ou non, le *clinamen* octroie vie ou mort selon la déviation. Cette chute fut fatale au dramaturge grec Eschyle, qui mourut quand un aigle laissa choir une tortue sur son crâne chauve, exemple que la narratrice ne manque pas de donner. L'épisode est d'abord expliqué : "presumably the eagle wished to crack the shell of the tortoise, and believed that Aeschylus's bald head was a rock" (p. 168), puis mentionné encore en rappel trois pages plus loin : "Aeschylus and the eagle" (p. 171). À la fin du roman, dans un passage récapitulatif, un paragraphe d'une longueur exceptionnelle revient sur les gestes qui s'apparentent tous à une simulation du *clinamen* épicurien, tous reliés à la mort, que ce soit celle de Keats, celle du temps, celle des chats, ou celle de Modigliani :

> Well, and while also doing such things as rolling hundreds and hundreds of tennis balls one after the other down the Spanish Steps, or waiting during

> seventeen hours for each of her seventeen wristwatches to buzz before dropping each of them into the Arno, or opening a vast number of cans of cat food in the Colosseum, or placing loose coins into various pay telephones that do not function while intending to ask for Modigliani. (p. 255)

Dans ce moment d'anamnèse, des modifications apparaissent dans la récapitulation, qui viennent encore dévier la trajectoire de ce qui s'est passé, y compris quand la narratrice semble seulement reprendre les événements ayant déjà été mentionnés. Ce ne sont plus treize réveils, mais dix-sept montres qu'elle a jetées, et ce n'est plus aux États-Unis, mais dans l'Arno que le geste s'est produit, sans qu'on sache si c'est un autre geste, ou bien un doublon avec une variation de trajectoire. S'agit-il d'un ou de plusieurs gestes indiqués comme tangibles dans la diégèse, ou bien d'un concept décliné sous plusieurs versions, reléguant le geste à une abstraction philosophico-artistique ? Dans ce dernier cas, l'ancrage géographique n'aurait d'importance que pour ce qu'il signifie, autres rebonds de trajectoires et d'agrégation possibles à d'autres bribes de récits, comme la piste italienne, ou encore celle des chats, déjà étudiée plus haut.

Les mots qui signalent le *clinamen* d'une coïncidence ou d'une rencontre fortuite peuvent être ceux qui expriment un contact, à l'origine d'une émotion ("Still, certain things can touch a chord", p. 13) ; ou qui indiquent une sortie de l'ordinaire ("extraordinary", p. 12, la coïncidence de la bataille de Gallipoli, aux Dardanelles, et de celle de l'Hellespont, même lieu mortel à trois millénaires d'intervalle, entre -1260 et 1915) ; ou le simple hasard d'une rencontre fortuite des atomes ("natural happenstance", p. 35, "purely happenstance", p. 129, "the simple happenstance", p. 201, "came upon", p. 87, "interesting coincidence", p. 197) ; ou encore, une intention de la matière inerte, animée d'un mouvement qui lui est propre, comme dans le cas de l'embarcation sans navigateur ("In the Adriatic, when I was on my way from Troy to Greece, a ketch swooped toward me swiftly, its tall spinnaker taking noisy wind.", p. 23).

Dans la narration, la déviation se manifeste aussi dans la disposition des énoncés en paragraphes, selon l'analyse de Sophie Cordier-Noël. Elle explique que la disposition de phrases en paragraphes distincts "évite aussi la cohérence thématique imposée par le paragraphe en tant qu'unité de sens, et se rapproche de la pratique de la liste. Surtout, la fragmentation permet la déviation : marque habituelle d'un certain degré de rupture syntactico-sémantique, le retour à la ligne porte en lui-même le changement de sujet, qu'il annonce et autorise" [CORDIER-NOËL, 2011, p. 97].

Ces événements, qui arrivent par coïncidence et qui reviennent dans le texte comme des obsessions, n'ont rien de naturel, si par naturel on entend la déviation des atomes libres dans la nature. Le texte suggère que c'est plutôt la conséquence de l'intervention humaine, souvent mortifère, comme dans le cas de l'expression "natural happenstance" qui attire l'attention sur son ironie, lorsque la narratrice évoque les cendres dont elle n'est pas responsable, et qui brûlent "spontanément" (la traduction de "natural happenstance" par Winckler, p. 39). La narratrice conclut, laconique, tel un déni de la souffrance que le texte sous-entend : "I had finally gotten accustomed to those" (p. 35), avant de se reprendre dès la phrase suivante pour livrer sa mélancolie sur le ton d'une confidence pudique : "Still, I would have vastly preferred to believe I had seen the seagull" (p. 35). Elle aurait préféré voir une mouette, la mouette apprivoisée de Wittgenstein, ou les mouettes simulées par les pages de la biographie qu'elle brûle, plutôt que les cendres résiduelles d'une destruction non nommée parce que innommable, et donc passée sous silence, selon la célèbre injonction de Wittgenstein à la fin du *Tractatus* ("Sur ce dont on ne peut parler, on doit se taire" [WITTGENSTEIN, trad. 2021, p. 228], tandis que le roman cite la première proposition du *Tractatus :* "the world is everything that is the case", p. 88). Elle observe ainsi : "And so bits and pieces of residue will sometimes be wafted great distances, or to astonishing heights" (p. 35). Laissant la cause sous silence, la narratrice choisit de souligner le résultat dans son ébahissement face à l'élévation ("astonishing heights"), non sans rappeler ses mises en scène des pages qui s'envolent en brûlant, telles les mouettes qui ne sont plus, comme on l'a déjà cité : "What I did later, with the pages from the life of Brahms, was to toss those into the breeze in the hope that the ash might take flight" (p. 95). La force de l'envol, la sublimation, ou simplement l'altitude permettent de mettre à distance les choses mortifères du monde.

UN RÉCIT SUBALTERNE

L'examen du *clinamen* et de la causalité des événements invite à réévaluer la culture occidentale, depuis la Grèce antique jusqu'à une période postapocalyptique indéfinie. La narratrice se déclare "conservatrice du monde entier" ("the curator of all the world", p. 251), alors qu'elle fait plutôt œuvre de rétrospection, d'évaluation et de rectification que de "conservation".

Femmes de l'ombre

Par petites touches discrètes mais cumulatives, elle revient sur les injustices systématiques qui occultent à la postérité les figures qui ont entouré les créateurs, telle Jeanne Hébuterne, elle-même peintre, mais aussi modèle, compagne de Modigliani et mère de sa fille. Que dire d'une civilisation qui glorifie les créateurs ou les hommes célèbres et qui laisse souvent de côté les femmes qui les côtoient, les secondent, partagent leur vie, facilitent leur ouvrage, y compris celles qui sont aussi des artistes ? Pire encore, dans le cas de Sappho, les autorités de la postérité brûlent leurs œuvres : "Still, one would be pleased if the pope was not the same pope who made people burn Sappho's poems" (p. 97). Ces mentions multiples dénoncent le sexisme d'une culture, sans s'appesantir ni accorder l'amplitude d'une glose au phénomène. Didactiques, les fragments qui traitent de ce sujet restent une façon d'éveiller les lecteurs au problème, en leur laissant la responsabilité d'établir des liaisons entre les cas présentés. On peut proposer une liste récapitulative ici, mais non exhaustive : Jeanne Hébuterne, Sien (Hoornik), Suzanne Valadon, Jane Avril, Mlle Églantine, Calpurnia, Marina Tsvetaeva, Anna Akhmatova, Artemisia Gentileschi, Sappho, Clara Schumann, Anna Magdalena Bach, Mrs. Ruskin, Karen Silkwood, Sœur Juana Inés de la Cruz, et quelques anonymes.

Certaines sont passées à la postérité pour avoir été compagnes, ou épouses, ou mères, toutes modèles de peintres : Jeanne Hébuterne, Sien Hoornik, Jane Avril, Mlle Églantine. Mlle Églantine était meneuse de revue, mais sa profession n'est pas mise en avant ; elle et Jane Avril ne semblent mentionnées que parce qu'elles évoquent les célèbres affiches peintes par Henri de Toulouse-Lautrec, qui faisaient la publicité de sa troupe et de ses spectacles à la fin du XIXe siècle. Ce n'est que récemment que, pour quelques-unes, leur propre carrière a été mise en valeur. Suzanne Valadon (1865-1938) fut à la fois modèle (des peintres Pierre Puvis de Chavannes, Henri de Toulouse-Lautrec, Auguste Renoir et Jean-Jacques Henner), mère du peintre Maurice Utrillo, et peintre elle-même, à qui le Centre Pompidou-Metz vient de consacrer la rétrospective "Suzanne Valadon. Un monde à soi" (15 avril-11 septembre 2023). La narratrice, elle-même peintre, ne la met pas en valeur en tant qu'artiste, mais en tant que mère et modèle, et maîtresse de deux peintres connus, Renoir et Degas, lorsqu'elle se pose la question des pères d'artistes :

> Utrillo's father may have been Renoir.
> Although he could just as well have been Degas.
> Suzanne Valadon, who was Utrillo's mother, evidently never knew.
> If Renoir or Degas knew, they evidently never said. (p. 146)

Par leur mise en scène de l'hésitation en miroir (may have been / could have been), par leur répétition de l'ignorance ou du déni (never knew / never said), ces courtes phrases en disent long sur des unions illégitimes qui laissent la filiation incertaine, à une époque qui stigmatise la bâtardise et les filles-mères, selon le vocabulaire brutal de l'époque.

Les modèles de peintres qui sont mentionnées dans le roman n'avaient pas la vie facile, c'est le moins qu'on puisse dire. Quant à Sien, on devine que sa tentative d'échapper à la prostitution échoua, avec la phrase qui affirme simplement: "Doubtless what Van Gogh wished was to reform Sien, when he invited her to live with him" (p. 139). Sien Hoornik (1850-1904), prostituée qui fut la compagne et modèle de Vincent Van Gogh pendant environ deux années, se suicida par noyade à cinquante-quatre ans, ce que ne dit pas le roman (page Wikipedia de Sien, consultée le 24/07/2023). Elle n'est mentionnée que de cette courte phrase, en passant, et le verbe "reform" implique une supériorité de la part de celui qui lui propose de changer de vie en lui offrant un toit, ce qui suffit à signaler sa position sociale précaire.

La narratrice attire l'attention sur le drame de Jeanne Hébuterne :

> [...] who had a child by Modigliani. Although that particular story is one of the saddest I know.
>
> What happened was that Jeanne Hébuterne threw herself out of a window, on the morning after Modigliani died.
>
> While again being pregnant. (p. 115)

Ce drame marque suffisamment la narratrice pour qu'elle signe un miroir du nom de Jeanne Hébuterne (p. 173), comme si, par ce geste, elle projetait son image sur l'identité de l'artiste-peintre. Elle affirme dans un autre passage qu'elle aurait volontiers signé "Artemisia", aussi : "Having intended to sign it Artemisia, except that I ran out of room" (p. 252). Le "manque de place" n'est pas seulement une question qu'elle se pose dans la diégèse, mais semble aussi signaler la structure du roman. Elle manque de place pour signer le petit miroir de sa mère, celui qui détecte la respiration de la mourante, parce que la liste des femmes victimes d'un traitement injuste est longue, et elle s'égrène au fil des pages. Elle ne développe pas ici la biographie de Jeanne Hébuterne, dont la famille antisémite ne voyait pas d'un bon œil son union libre avec Amadeo Modigliani, qui était malade ; elle préfère mettre en avant le geste de désespoir d'un suicide de mère, enceinte de son deuxième enfant, comme pour montrer l'ampleur d'une mort qui fait deux victimes et une orpheline. Ce faisant, elle livre une des raisons à la suite dispersée par fragments dans le roman : "that particular story is one of the saddest I know" laisse entendre que la narratrice a rassemblé des histoires tristes, d'une tristesse infinie, digne du superlatif "saddest", pour témoigner d'une grave faillite de la société, dont le crime est le manque de considération pour les femmes et la classe sociale des artistes, souvent impécunieux. Elle reprend la même expression au sujet d'une autre histoire triste, incluse au panthéon des histoires superlativement tristes, celle de Marina Tsvetayeva : "Especially since that is one of the saddest stories I know" (p. 242).

La litanie des “pauvres”

La narratrice déplore aussi, dans sa litanie des “pauvres”, le sort que connut la veuve de Jean-Sébastien Bach qui, comme Vivaldi, mourut à l’hospice (“died in an almshouse”) : “And for that matter poor Bach’s widow Anna Magdalena, who was allowed to do the same thing” (p. 259). L’ironie du verbe “allowed” signale son indignation, comme si Anna Magdalena Bach pouvait s’estimer heureuse d’avoir été acceptée à l’hospice pour y finir ses jours dans la plus grande pauvreté. La litanie reprend le mot “pauvre” dans le sens de lamentable et digne de pitié, et se calque sur le modèle des Béatitudes, qui récompensent les laissés-pour-compte et les malheureux, mais en mode pessimiste dans le roman. Ce n’est plus une liste des bienheureux, comme “Blessed *are* the poor in spirit: for theirs is the kingdom of Heaven. Blessed *are* they that mourn: for they shall be comforted.” (Bible du Roi Jacques, Mathieu, 5 : 3-4). C’est au contraire une liste des “pauvres” de ce monde, sans aucun espoir de récompense à l’issue de leur souffrance. Dans le cas de Maria Magdalena Bach, la narratrice insiste, dans le paragraphe suivant, constitué de trois phrases consécutives (quoique elliptiques) : “Bach’s widow. And with all of those children. Some of whom were actually even more successful in music at the time than Bach himself had been” (p. 259). Les trois phrases successives développent une idée de manière suivie, en un paragraphe, chose relativement inhabituelle dans le roman. La première laisse seulement entendre la reprise, parce que l’indignation de la narratrice est telle qu’elle ne peut laisser filer ce nom, même une fois inscrit sur la liste des “pauvres” et martyrs d’un monde injuste. Elle le reprend donc, ce nom dont elle fait un exemple terrifiant de femme abandonnée après avoir élevé tant d’enfants, qui n’étaient pas dans le besoin, eux. Et elle énonce ensuite la raison de son indignation, condamnant implicitement l’ingratitude des enfants. La deuxième phrase insiste sur le pluriel par l’expression “all of those”, qui évite la précision du nombre exact pour donner une dimension épique aux maternités nombreuses d’Anna Magdalena Bach. La troisième accumule deux adverbes pour appuyer son adjectif, scandaleux par comparaison (“successful”), et ainsi chargé d’intensité et d’affect : “actually even more successful”.

Les laissés-pour-compte de nos sociétés, à toute époque, sont ainsi mentionnés dans une litanie des saints subalternes qui s’emballe par son mélange éclectique :

> Ah, me. If not to add poor Andrea del Sarto and poor Cassandra and poor Marina Tsvetayeva and poor Vincent Van Gogh and poor Jeanne Hébuterne and poor Piero di Cosimo and poor Iphigenia and poor Stan Gehrig and poor singing birds sweet and poor Medea's little boys and poor Spinoza's spiders and poor Astyanax and poor my aunt Esther as well. (p. 260)

L'interjection qui ouvre cette énumération implique directement la narratrice dans la longue phrase qui suit, mais pas au point de rendre ce soupir d'exaspération par la glose "Ah, c'est tout moi, ça.", comme l'a fait le traducteur [WINCKLER, p. 283]. Ce cri de la narratrice relève de l'apostrophe, c'est une façon de s'exclamer, de gémir par un "ah, pauvre de moi, pauvre de nous, regardez-moi cette misère !" C'est un euphémisme pour éviter le blasphème (que serait *My God!*), et la première lettre de l'alphabet, appuyée graphiquement par la lettre "h" pour lui donner plus de gravité, est celle qui pose le mieux la voix de poitrine et fait sortir un son du fond du larynx. La fin du paragraphe rapproche aussi la liste des "pauvres" de la famille de la narratrice, avec pour finir la mention de sa tante Esther. Après cette interjection venue du fond du cœur, qui l'implique personnellement, la narratrice ouvre son énumération par une dénégation ("If not to add"), puisque justement, elle va ajouter de nombreux éléments à sa liste qui s'emballe d'un mélange hétéroclite.

Elle crée par exemple un personnage en mélangeant deux joueurs de baseball très connus et révérés, Lou Gehrig (1903-1941) et Stan Musial (1920-2013), qui jouaient respectivement dans l'équipe des St. Louis Cardinals et dans celle des New York Yankees. Ils étaient surnommés "The Iron Horse" et "Stan The Man". Lou Gehrig est mort de la maladie de Charcot (ou sclérose latérale amyotrophique), à laquelle on a donné son nom en Amérique du Nord ("Lou Gehrig's disease"), comme le texte du roman le mentionne sans dire son nom ("they actually named a disease after one of those baseball players?", p. 185), ce qui explique vraisemblablement la lamentation de la narratrice ; tandis que, par l'emprunt du prénom, son amalgame entre lui et Stan Musial, homme loué par toute une nation pour sa gentillesse et son humilité, lui permet de façonner une légende à partir de deux figures déjà légendaires, une sorte de héros chimérique plus grand que nature, aux proportions épiques, qui cristallise une admiration sans borne. L'ensemble de l'énumération constitue elle aussi une chimère. Les noms propres s'étendent jusqu'à un vers tiré d'un poème de Ralph Hodgson (1871-1962), poète anglais de la première moitié du XXe siècle, dont les doux oiseaux chanteurs sont à plaindre parce qu'ils sont en vente pour être mangés. Le court poème "Stupidity Street" (1913) était connu, facilement mémorable, sa concision donnant une image marquante de la pauvreté physique et morale, dans un monde imbécile :

> I saw with open eyes
> Singing birds sweet
> Sold in the shops
> For people to eat,
> Sold in the shops of
> Stupidity Street.
>
> I saw in vision
> The worm in the wheat,
> And in the shops nothing
> For people to eat;
> Nothing for sale in
> Stupidity Street.
>
> (Allpoetry.com, consulté le 24/07/2023)

Les doux oiseaux chanteurs figurent peut-être métaphoriquement l'aspiration à l'art des poètes ou des artistes, livrés en pâture au consumérisme, tandis qu'il n'y a littéralement rien pour nourrir le corps, ni métaphoriquement pour nourrir l'esprit, dans un monde de boutiquiers.

La persécution des poètes est un autre sujet important sur la liste des doléances que la narratrice dresse au fil de ses paragraphes. Les poètes Marina Tsvetayeva et Anna Akhmatova sont toutes deux mentionnées comme deux exemples particulièrement affligeants du traitement qu'une société (totalitaire) réserve à ses poètes. Marina Tsvetaeva fait partie du groupe des "histoires les plus tristes" :

> What happened having been that the Russians let such a wonderful poet practically starve to death, all alone and in exile.
>
> After having killed her family.
>
> So that she finally hanged herself. (p. 242)

Comme on l'a vu précédemment dans l'analyse du style, l'annonce d'une histoire des plus tristes précède la révélation de l'horreur, comme une mise en attente ou une mise en scène, avec la forme en –ing qui s'appuie sur l'annonce dans "What happened having been that", formulation peu habituelle, comme un retour sur un présupposé, qui serait presque déjà connu. C'est finalement une façon assez alambiquée d'écrire, dont le "present perfect" de "having been" laisse supposer que l'effet de l'action se poursuit dans le présent. L'écriture ainsi laisse imaginer que la persécution de Marina Tsvetaeva a des conséquences dans le présent de l'énonciation pour la narratrice. Elle aussi a perdu un enfant et se retrouve seule, comme exilée de l'humanité, pour une raison incompréhensible. Implicitement, elle aussi aurait peut-être l'idée de se pendre, si elle n'était tenue d'exister dans et par sa narration. La longue liste de femmes victimes du sort conduit sans doute jusqu'à celle qui dresse la liste et qui la distille au fil de sa narration, sans qu'elle s'y nomme directement. C'est un procédé d'appel au pathos qu'on retrouve dans les romans ultérieurs de Markson, dans sa tétralogie, où le narrateur impécunieux s'estime seul et malheureux, à l'instar d'autres créateurs avant lui.

Hommage aux courageuses

Une autre catégorie de femmes fait preuve d'un courage hors du commun, chacune dans une situation politique intenable. Leurs noms reviennent à plusieurs reprises : Calpurnia, Juana Inés de la Cruz et Karen Silkwood. Calpurnia est mentionnée trois fois (p. 34, p. 67, p. 208), sans indication biographique évidente pour expliquer l'allusion. Ce nom est aussi donné à un chat errant dans le Colisée de Rome, non sans humour, une première fois, alors que la narratrice l'a d'abord appelé Néron : "Though I also called the cat Calpurnia, after a time, when it struck me that I should cover all bases" (p. 34) ; puis, une deuxième fois, une trentaine de pages plus loin, quand la narratrice remarque que le chat n'avait pas répondu au nom de Néron ni de Caligula : "being shrewed enough to call the cat Calpurnia, after having gotten no response with Nero and Caligula" (p. 67). La mystérieuse expression "cover all bases" nécessite de connaître le personnage historique pour être comprise. Calpurnia Pisonis était la dernière épouse de César. La légende, relayée par Plutarque (dans *Les Vies parallèles*), lui accorde un rêve prémonitoire de l'assassinat de César, qu'elle aurait mis en garde alors qu'il devait se rendre au Sénat. Shakespeare reprend cette légende dans *Julius Caesar*, quand César explique à Brutus, le matin funeste où Brutus va le convaincre de sortir de chez lui :

> Calpurnia here, my wife, stays me at home:
> She dreamt to-night she saw my statua,
> Which, like a fountain with a hundred spouts,
> Did run pure blood: and many lusty Romans
> Came smiling, and did bathe their hands in it:
> And these does she apply for warnings, and portents,
> And evils imminent; and on her knee
> Hath begg'd that I will stay at home to-day.
>
> (Acte II, scène 2, vers 75-82)

Couvrir toutes les bases, cela reviendrait-il à croire que, avec le choix de ce nom, la narratrice s'estime prête à tout, que ce chat l'aiderait à la prescience et qu'aucune adversité ne pourrait la surprendre, parce qu'elle serait prête à faire face aux Brutus du passé, maintenant qu'elle estime n'avoir plus d'avenir ?

Le nom est ensuite attribué à une rue : "On a street full of taverns below the Borghese Gallery, at the intersection of Calpurnia Avenue and Herodotus Road" (p. 208). Il n'y a pas de rue Calpurnia à Rome. La narratrice, comme son auteur, semble aimer marquer les villes des patronymes de personnes qui ont compté, mais trop peu reconnues à son avis. Placer le célèbre musée de Rome à l'angle fictif d'une rue Hérodote et d'une avenue Calpurnia, c'est donner plus d'importance au premier historien de l'Antiquité et à l'épouse de César douée de prescience, selon la légende. Les associer en affirmant qu'un musée se trouve à leur croisement, c'est marquer leur mémoire d'une borne muséale, pour faire retour sur le passé. La remémoration est souvent l'accroche d'associations d'idées pour la narratrice, dans son hommage aux figures héroïques plus ou moins obscures, trop souvent oubliées : "Poor Sor Juana Inés de la Cruz, who I also now remember was one more person who died in a plague. But in her case while taking care of other nuns who were more ill than she" (p. 260). Le lien entre cette proposition et le reste du roman est simplement énoncé par la proposition relative "who I also now remember", qui permet d'enchaîner librement toute sorte d'idée. Dans la litanie des "pauvres" déjà examinée, la pause marquée par le changement de phrase et l'opposition ("But in her case") permettent de démarquer la religieuse, qui n'est pas seulement morte de la peste, mais qui a fait le choix de soigner d'autres malades avant de mourir elle-même. En revanche, la litanie évoque simplement un nom quand il s'agit d'une mort plus récente, parce que le contexte contemporain rendait superflue une explication biographique : "Poor Karen Silkwood" (p. 260). Cette déploration avait été préparée par la question rhétorique : "But who was somebody named Karen Silkwood, whom I suddenly also feel I would like to tell that you can now kneel and drink at the Danube, or the Potomac, or the Allegheny?" (p. 212). Le lien entre ce nom et les fleuves redevenus potables concerne la pollution dans le monde des années 70, contre laquelle Karen Silkwood s'insurgea.

À la publication du roman en 1988, Karen Silkwood (1946-1974) est encore dans les esprits, parce que le film *Silkwood*, du réalisateur Mike Nichols, est sorti en 1983, avec Meryl Streep dans le rôle principal. Chimiste et syndicaliste, la jeune femme fut une lanceuse d'alerte, qui divulgua la contamination d'employés dans une usine de production de plutonium ; elle mourut à vingt-huit ans dans des circonstances faisant penser à un assassinat, le jour où elle allait rencontrer un journaliste du *New York Times*. Les documents qu'elle avait rassemblés pour les lui confier avaient disparu de sa voiture après l'accident (selon la page Wikipédia, consultée le 24/07/2023). La narratrice rend ainsi hommage au courage de ces deux femmes, la religieuse et la syndicaliste qui, au péril de leurs vies, ont œuvré pour la communauté, des autres religieuses pour l'une, ou de ses concitoyens pour l'autre.

Enfin, la liste des "pauvres" à qui la narratrice rend hommage inclut un autre type de femme, celles dont elle porte aux nues les créations, tandis qu'elle déplore leur vie difficile : Sappho et Artemisia Gentileschi. De la première, on apprend d'abord qu'un pape a ordonné de brûler ses œuvres ("the same pope who made people burn Sappho's poems", p. 97), et, dans la liste des lamentations, on apprend aussi sa mort tragique, sans explication de la légende : "Poor Sappho, who leaped from a high cliff, into the Aegean" (p. 259). De la seconde, la narratrice s'étonne de ne pas l'avoir mentionnée plus tôt (à la page 177), alors qu'elle-même est peintre, et femme, ce qui constitue un compliment hyperbolique. Et elle ajoute, énigmatique : "So she was raped too, naturally. / At only fifteen" (p. 177). Dans un contexte qui n'évoque aucun viol, l'adverbe "too" laisse entendre que la narratrice aurait elle aussi subi un viol, à moins que ce soit une autre femme, par manque de clarification de l'antécédent. Elle n'en explique pas les circonstances. Le retour à la ligne marque aussi un retour à Artemisia Gentileschi, pour préciser l'âge auquel elle fut violée, puis, dans deux paragraphes successifs, pour commenter la difficulté de vivre à son époque en tant que femme et artiste, et l'horreur du procès qui lui imposa la torture pour mettre sa parole accusatrice à l'épreuve :

> But heavens, what a painter. In spite of what kind of a world she had to face, that many years ago.
>
> Well, in spite of even having been tortured, to test her word, when the rape came to trial. (p. 177)

La reprise de la structure "In spite of" pour commencer une nouvelle phrase établit un lien fort entre les deux énoncés, artificiellement séparés en deux paragraphes distincts pour marquer une pause entre le commentaire général, dénué de qualification, et la sorte de monde, inqualifiable aussi, dans lequel la torture est un moyen d'établir une preuve juridique. La narratrice accentue la distance entre son monde et celui d'Artemisia Gentileschi en ajoutant un article indéfini ("a") à l'expression "what kind of a world", qui pourrait s'en passer, comme si c'était un monde parmi d'autres, pas une époque de référence, et qu'Artemisia en fût un phénomène exceptionnel, dans un monde qui ne la méritait pas. Quelques pages plus loin, elle décide d'anoblir la peintre italienne, sur le modèle des Saints dont le nom leur attribue un symbole caractéristique (comme "Sister Juana Inés of the Cross" ou "St. John of the Cross", mentionnés une demi-page plus tôt, p. 184), en la désignant d'un simple paragraphe nominal, avec une majuscule pour faire du nom commun un patronyme, le génitif tenant lieu de particule : "Of the Brush" (p. 185). Le respect s'écrit, il s'inscrit dans cette particule, il grave dans le marbre de la narration son admiration sans borne. La peintre du XVIIe siècle, traitée comme une subalterne par son précepteur qui la viola, puis par la justice qui la soumit à la torture, est ennoblie par la peintre narratrice qui la porte aux nues, et justice lui est ainsi rendue par la dernière représentante de la postérité.

Mettant toujours en avant la difficulté d'être femme depuis l'Antiquité, d'une manière tantôt tragique, tantôt comique, la narratrice révise aussi l'histoire des Atrides du point de vue féminin, et même féministe :

> Daddy murdered our sister to raise wind for his silly ships, being what any person in her right mind must surely imagine that Electra and Orestes would have thought.
>
> Mommy murdered our daddy, being all that they think in the play instead.
>
> [...]
>
> Nonetheless one is still categorically forced to believe that Electra and Orestes would have never felt that way in the least.
>
> In fact what I have more than once suspected is that the whole story about the two of them taking their own revenge on Clytemnestra was another lie altogether. More than likely all three of them together would have felt nothing except good riddance.
>
> Or certainly once the bathroom had been cleaned up.
>
> And then lived happily together ever after, even. (pp. 218-219)

Selon le mythe, Agamemnon sacrifie sa fille Iphigénie à Aulis pour que les vents lui soient favorables (afin de mener la flotte grecque vers les rives de Troie pour le combat), ce qui, d'après la narratrice, devrait indigner le frère et la sœur de la victime, Oreste et Électre. Puis, Clytemnestre, mère d'Iphigénie, aide son amant Égiste à tuer Agamemnon, l'immobilisant dans son bain à l'aide d'un filet, selon la légende. La narratrice considère que frère et sœur devraient être unis derrière leur mère, en un "happy end" d'autant plus comique qu'il contraste avec toutes les versions de la tragédie grecque. Les mythes antiques, c'est un paquet de mensonges ("another lie altogether"), et c'est une question de point de vue et d'interprétation, affirme-t-elle ainsi, avec un humour qui la pousse à adopter aussi le souci domestique de celle qui nettoie la "salle de bains" où se déroule le meurtre, en une mention anachronique des thermes, puis de conclure par la phrase classique des contes de fées. Dix pages auparavant, ce point de vue avait été préparé par un court paragraphe télégraphique, exprimant une pitié consternée, proche de la sidération: "Poor Electra. To wish to murder one's own mother" (p. 209). Et, trois pages auparavant encore, la narratrice avait remis en question le mythe selon lequel la guerre de Troie aurait été causée par une femme: "Although what one doubts even more sincerely is that Helen would have been the cause of that war to begin with, of course" (p. 215). À la page suivante, le meurtre de Cassandre par Clytemnestre est jugé sévèrement, parce que l'épouse d'Agamemnon, qu'on sait elle-même infidèle (et séduite par Égisthe pendant qu'Agamemnon était à Troie), aurait dû être frappée de compassion et autoriser Cassandre, concubine d'Agamemnon, à rester paisiblement chez eux après l'enterrement d'Agamemnon, "as a sort of border" (p. 218) : "For that matter Clytemnestra would have almost certainly learned that Cassandra had been raped, as well, which would unquestionably strengthen this entire probability" (p. 220). Cette phrase reprend celle écrite 151 pages plus tôt, après la mention du *Rapt d'Hélène* (titre du tableau de Tiepolo, *The Rape of Helen* en anglais, avec le double sens de rapt et de viol, p. 68) : "Cassandra was raped too, of course, after Troy fell" (p. 69).

La narratrice réécrit la mythologie antique, dont elle change les présupposés. Au lieu des principes de l'honneur et de la vengeance, c'est celui de la solidarité féminine face au patriarcat qui est ainsi mis en avant. Et une grande partie de l'humour vient du plaisir de rabaisser les familles royales sanguinaires, grâce à la généralisation de l'anachronisme, qui leur impose des considérations de petits bourgeois conventionnels, puisqu'il faut d'abord nettoyer la salle de bain, et avoir l'amabilité d'héberger la rescapée d'un viol commis par son mari, telle une sorte de "pensionnaire" ("boarder"). Dans ce monde gentillet, de petite envergure et de petits moyens financiers (la pensionnaire doit-elle payer son hébergement ?), non seulement on contrecarre le principe de la tragédie, mais on prétend la réparer, et, surtout, on prend au pied de la lettre la clausule du conte de fée digne d'un univers aseptisé à la Barbie, d'où Ken aurait été évacué, et où l'on est éternellement heureux. La satire vire ensuite à une version dont le style adopte les conventions d'un "soap opera", sur un ton imitant une "sitcom", la tragédie passant en mode burlesque quand Pénélope, en visite chez Hélène après la guerre de Troie, félicite Clytemnestre du meurtre d'Agamemnon : "You don't *mean* it? And with a *net*, first? Now three cheers for you, Cousin Cly" (p. 223, Palleau-Papin, 2007, "Les Atrides à la télé", p. 144-146). Même en mode burlesque, les femmes du mythe ont le dernier mot, et l'une félicite sa cousine courageuse d'avoir assassiné le roi.

Une transmission du malheur

Une telle relecture de la mythologie antique ne fait pas qu'affirmer un féminisme anachronique. Elle contribue aussi, plus largement, à saper les fondements de la culture occidentale, puisque la Grèce antique est souvent considérée comme le berceau des arts et des lettres, comme la narratrice le remarque de manière récurrente (avec des variations) : "In Greece, no less, from where all arts and all stories came" (p. 55).

Cette phrase est rappelée ensuite (75 pages plus loin) : "One can be startled to remember that all of these things happened in Greece, I imagine, from where all arts and all freedoms came" (p. 125). Plus que de la surprise, le mot "startle" évoque ici l'ébahissement de la narratrice qui vient d'énumérer l'exil d'Euripide et d'Aristote, ainsi que le suicide de Socrate. Il existe un problème majeur, dans une civilisation dont le dramaturge le plus réputé et les plus grands philosophes sont contraints à l'exil ou au suicide. Pour renforcer cette affirmation, le roman égrène de nombreuses mentions des adaptations de la guerre de Troie et des mythes antiques autour des Atrides, qui renforcent l'idée que la culture occidentale viendrait de la Grèce antique. Et, à chaque fois, la violence est soulignée, à partir d'Euripide ("Actually, Euripides was finally forced to go into exile.", p. 125). L'horreur des abominations que les mythes racontent est sublimée par l'art, à moins qu'elle en soit glorifiée par la même occasion, y compris dans les variantes comiques ou burlesques qui la banaliseraient, et qu'elle rende compte d'une société fondée sur la violence du plus fort.

De nombreux opéras tirés des mythes grecs sont mentionnés dans le roman, comme *Les Troyens* (Berlioz, 1863), dont elle ne retient que la manière dont on ne prête jamais attention aux dires de Cassandre ("nobody ever pays attention to a word Cassandra says in the opera any more than they do in the plays.", p. 162), et plusieurs adaptations des mythes, avec tant d'interprétations devenues légendaires, dont celle de Maria Callas : "I also continued to listen to Maria Callas singing *Medea*", affirme encore la narratrice (p. 121). Sans explication, elle dit se dénuder pour l'écouter : "What was to have prevented me from listening to Maria Callas singing *Medea* with nothing on at all, even, while I waited?" (p. 123). C'est pour elle une source de plaisir et de fascination. Elle affirme qu'elle n'a pas eu froid, elle sous-entend un plaisir de l'écoute dans sa nudité : "Actually it was quite warm, as I remember" (p. 123). À la page suivante, elle revient sur la sensation de plaisir épidermique intense : "Although Maria Callas singing that particular scene has always sent shivers up and down my spine" (p. 124). L'interprétation sublime permet à la narratrice mélomane de faire corps avec une musique qu'elle aime, indissociable du frisson d'horreur lié au sujet du libretto.

Le fil tenace de cette filiation n'est pas un héritage heureux, ni même bénéfique. Il interdit la catharsis, il paralyse dans la répétition, il enferme dans un système, il est infini, dans un éternel présent de malédiction, où la violence engendre la violence. “Tout m’afflige et me nuit, et conspire à me nuire”, dirait Phèdre, autre prisonnière du mythe. Le roman décline ses généalogies, surtout celle des artistes et de leurs élèves, posant la question de savoir si la création artistique pourrait contrecarrer la malédiction. Mais que peut la création, que peuvent les arts, s’ils prennent pour éternel sujet le tombeau du monde ? Le poncif mémoriel est un piège, aussi. Les arts que la narratrice révère perpétuent l’“enchaînement” [WINCKLER, p. 178], le lien de filiation dont parle le roman en l’appelant “connection” en anglais, de manière obsessionnelle :

> Well, and it makes for an interesting connection from Cimabue to Giotto to Taddeo Gaddi, also.
>
> Like the connection from Perugino to Raphael to Giulio Romano.
>
> Even if I have perhaps not mentioned that Raphael had been a pupil of Perugino. Or for that matter that Perugino in turn had been a pupil of the Piero who did not hide under tables, which connects everything even farther than that. (p. 161)

Chaque phrase rebondit d’un artiste à l’autre, par multiple de trois : trois peintres par paragraphe se succèdent sur trois paragraphes, avec pour finir, le déploiement infini de la suite qui continue selon la raison qu’on devine, ternaire dans son rythme, et qui remonte le temps (“even farther than that”). Nul doute qu’avec une telle suite, cet enchaînement de peintres, du Moyen-Âge à la Renaissance, tienne aussi sa généalogie artistique de la Grèce antique, berceau des arts et des lettres. Dans l’ordre du texte, les transmissions de maître à élève s’enchaînent, telle une filiation, comme une généalogie biblique. Dans le premier paragraphe, les trois peintres sont nommés par ordre chronologique, chacun ayant été le maître du suivant : Cimabue (1240-1302), Giotto (1266-1337), Taddeo Gaddi (1300-1366) ; ainsi que dans le deuxième, pour les trois peintres : Perugino (francisé en le Pérugin, 1448-1523), Raphael (Raffaello Sanzio, francisé en Raphaël, 1483-1520), Giulio Romano (francisé en Jules Romain, c. 1492-1546). Le troisième paragraphe précise encore une relation seulement mentionnée auparavant, puisque Raphaël fut l’élève du Pérugin, et ajoute que le Pérugin fut lui-même l’élève de Piero della Francesca (c. 1412-1492). Il découle de ces trois paragraphes consécutifs l’impression d’une généalogie d’apprentissage et de création, depuis le Moyen-Âge central, jusqu’à la Renaissance, sans oublier le XVIIIe siècle de Tiepolo

(1696-1770) avec son tableau *Le rapt d'Hélène* (*The Rape of Helen*, mentionné une centaine de pages auparavant, p. 68). Tout semble indiquer que l'on pourrait remonter le temps par la ligne de filiation des peintres italiens jusqu'à l'époque romaine, et ainsi de suite jusqu'à l'époque hellénistique de la guerre de Troie, et encore plus loin, au mythe des Atrides. La filiation à la manière fantaisiste de la narratrice mêle la transmission du savoir-faire des peintres et la filiation généalogique classique par la naissance, selon une affirmation imaginaire, mais énoncée avec le plus grand sérieux comme un discours de vérité, qui prétend raisonnablement que les faits sont invérifiables après tant de millénaires : "Doubtless there is no way of verifying that El Greco was descended from Hermione, however, after practically three thousand years" (p. 69). Le faux doute lui permet d'étayer la solidité de façade de son raisonnement, comme si elle était une chercheuse avec une méthode scientifique irréprochable. Dans cette transmission délirante mais hautement symbolique, le peintre El Greco (1541-1614), natif de Crète que la narratrice estime descendant d'Hermione, cette dernière étant fille d'Hélène et de Ménélas, serait donc lui aussi un Atride. Par ce télescopage présenté comme une évidence, l'héritage infernal des crimes en tous genres hante encore les arts, dans la vision du monde de la narratrice (matricide, patricide, fratricide, infanticide, et j'en passe des vertes et des pas mûres). Entre glorification et condamnation par la représentation terrifiante, le meurtre est un fil conducteur puissant dans les arts, y compris, semblent indiquer les fragments, quand les peintures sont empreintes de douceur et de piété, parce que même les tentatives expiatoires ne suffiraient pas à conjurer l'horreur, mais qu'elles la rappelleraient, par contraste implicite.

Cette lignée insistante évoque en filigrane un discours politique au sens large, celui d'un commentaire culturel implacable, parce qu'elle est présentée de manière systématique, malgré la relative dispersion des fragments, qui se classent selon trois catégories : généalogie de transmission d'un savoir-faire pictural, principe général selon lequel tous les arts viendraient de la Grèce antique, et violence de cette civilisation, fondée sur l'oppression des subalternes que sont les femmes ou les enfants. Même les enfants adultes comme Iphigénie restent subalternes, puisque, en tant que fille, elle est dominée par un père ayant droit sur sa vie (le roman n'évoque pas les esclaves ni les peuples colonisés).

Outre les beaux-arts, dans le roman, la filiation de la violence apparaît aussi chez les musiciens, que leur art n'excuse pas non plus :

"Or that George Frederick Handel once threatened to throw a soprano out of a window because she refused to sing an aria the way he had written it?" (p. 188). La soprano anonyme qui fut victime de la fureur de Haendel n'est pas restée célèbre, mais la narratrice livre l'information, dans son schéma de pensée dispersé mais aux idées fixes, pour donner à penser, justement. La phrase sort l'anecdote de l'ombre pour en faire un cas d'école exemplaire d'une réflexion sur l'art et l'éthique, parmi de nombreux autres dans le roman. L'art qui sublime les pulsions ne saurait servir de justification à des comportements irrespectueux ni au crime, semble signifier cette dernière citation. Cette phrase est une relative, comme d'autres sur la même page, introduite par la question : "how do I know that", mise en facteur commun de plusieurs paragraphes aussi constitués de propositions relatives commençant par "that". Poser la question de savoir comment on a entendu parler d'un acte répréhensible, puis d'une série, sans y répondre directement, c'est inviter les lecteurs à participer à une mise en dialectique des frottements entre l'artiste et l'homme, entre le musicien exigeant qu'était Haendel et l'homme impérieux et menaçant d'après l'anecdote, voire violent, quand son art n'était pas respecté. La question incrimine l'homme, mais laisse entendre un étonnement tacite par rapport au musicien, comme si la beauté de sa musique ne laissait pas soupçonner qu'un tel comportement fût chez lui possible. La question de savoir comment la narratrice connaît cette anecdote serait sans importance, finalement, au regard des faits. C'est non seulement ainsi que commencent les rumeurs (elle ne cite pas ses sources), mais aussi, cela permet de déplacer le poids de la responsabilité sur un nom de créateur connu, pour marquer les esprits. Sans citer de biographe ni quiconque, la narratrice accable directement le musicien, pour faire sortir de l'ombre une victime anonyme de sa fureur. La justice engagée en faveur d'une subalterne ne s'encombre guère du doute, ici non plus, parce que ce qui importe, c'est de montrer l'envers de la médaille, le côté sombre des artistes, qui restent des humains faillibles comme toute l'humanité, quand bien même leur art serait lumineux. En passant, la narratrice dénonce aussi, sans développement, le système culturel qui vénère les artistes dans des musées et les salles de concert et qui les rendrait intouchables, au nom de leur art.

Le roman soulève non seulement la question de la transmission par une filiation au sens large, à la fois familiale et corporatiste (les peintres relevant de "la corporation des apothicaires" [WINCKLER, p. 162], "the guild of pharmacists", parce qu'ils mélangent des pigments, "they compound pigments", p. 146), mais encore la question de la transmission par l'enseignement, puisque enseigner les arts qui évoquent la violence pose le problème du risque de la fascination envers les faits décrits, en même temps qu'on cherche à susciter une admiration esthétique pour l'écriture poétique qui raconte la guerre de Troie, par exemple. Dans une situation où la narratrice s'imagine préceptrice d'Alexandre le Grand, elle simule une interaction d'enseignement entre elle et le jeune Alexandre, qu'elle appelle affectueusement d'un diminutif, parce qu'il n'est pas encore devenu le Grand : "Who will now recite the passage in the *Iliad* about Achilles dragging Hector's body through the dust for us? Is that your hand I see, Alex?" (p. 152). Le comique du passage vient non seulement de l'anachronisme des gestes (les élèves de la Grèce antique levaient-ils la main comme on le leur demande dans nos écoles ?), mais aussi du silence qu'il laisse planer sur la mise en œuvre de l'enseignement du texte d'Homère dans la vie de celui qui fit la conquête de l'empire perse. Sous couvert d'humour, la narratrice demande par cette question si l'on enseigne l'art de la guerre ou celui de la poésie, quand on fait lire L'*Iliade* aux jeunes. Le conquérant aurait été celui qui a le mieux étudié le texte, en élève attentif, et qui l'a le mieux mis en application. À tous les maillons de la chaîne des arts, que ce soit dans leur production ou dans leur enseignement, la violence est donc transmise inlassablement au fil des millénaires, et les guerres de conquête se perpétuent, tandis que se perpétue également l'oppression des plus vulnérables de la société.

Un roman thérapeutique ?

En dégageant, à partir des Atrides et de la guerre de Troie, ce qui lui semble être des constantes de la civilisation occidentale, la narratrice met en œuvre la méthode philosophique de Wittgenstein, selon qui la philosophie ne fait pas surgir du nouveau pour faire avancer la connaissance. Au contraire, d'après le paragraphe 109 des *Recherches philosophiques*, la philosophie résoudrait les problèmes "non par la communication de nouvelles expériences, mais par l'agencement de ce qui est connu depuis longtemps." [Wittgenstein, 1953, p. 84, cité par Lock, 1992, p. 114]. En brassant des références culturelles aussi connues que l'histoire mythique d'Hélène (fille de Zeus et de Léda), épouse du roi de Sparte Ménélas mais amoureuse de Pâris, fils du roi de Troie, en l'associant à la bataille historique des Dardanelles pendant la Première Guerre mondiale, la narratrice s'appuie sur un socle culturel commun, qui n'a rien de nouveau. Même lorsqu'elle mélange les références de manière désordonnée, par de fausses attributions, ses erreurs sont facilement reconnaissables dans le contexte, y compris quand on ne connaîtrait pas chaque allusion culturelle, simplement parce qu'une attribution d'œuvre contredit un autre passage du roman où l'attribution est correcte, signalant un problème facilement vérifiable. Ainsi, la narratrice s'exclame: "Or, now heavens, how weary I have gotten of noticing that silly volume which appears to be called *The Way of All Meat*" (p. 200). Même si le lecteur n'a pas lu *The Way of All Flesh*, de Samuel Butler (publication posthume en 1903), le titre est assez connu pour sa dénonciation de l'hypocrisie victorienne, et il apparaît dans le roman avant ce titre erroné, explicitement: "Other than that I have no notion of who Samuel Butler was, however, unless perhaps he was the same Samuel Butler who wrote *The Way of All Flesh*" (p. 114). À dessein, les erreurs de ce type sont si grossières qu'elles font appel à la mémoire de lecture et qu'elles sollicitent le correcteur chez le lecteur, ou même, le thérapeute. Mais, de manière perverse, cette mention erronée de Butler s'associe dans le roman à une autre mention, vérifiable celle-là, au moment où la narratrice s'interroge sur qui aurait écrit l'Odyssée ("Samuel Butler was wrong about a woman having written the Odyssey.", p. 114), suivant l'hypothèse de Butler voulant que ce soit une femme ("Butler developed a theory that the Odyssey came from the pen of a young Sicilian woman [...]. He described his evidence for this in *The Authoress of the Odyssey* (1897) and in the introduction and footnotes to his prose translation of the *Odyssey* (1900)." Page Wikipédia de Samuel Butler, consultée le 01/08/2023). Le problème que pose la narratrice aux lecteurs est qu'elle mêle l'exactitude et les fausses déclarations sur le même ton de vérité, ou encore, qu'elle livre des références culturelles vérifiables sur le ton d'un emballement associatif symptomatique d'un délire.

L'analyse que fait Grahame Lock de la philosophie "thérapeutique" de Wittgenstein peut aussi s'appliquer au roman. Selon lui, dans la pensée de Wittgenstein, "Le rôle du philosophe n'est cependant pas de révéler aux autres ce qu'il est le seul à voir, ou ce qu'il voit avec davantage de clarté, mais d'apprendre aux autres à penser le problème par eux-mêmes." [Lock, 1992, p. 121]. Or, suivant l'exemple de Wittgenstein, la narratrice attire à plusieurs reprises l'attention sur les imprécisions du langage. Les roses rouges, exemple tiré de Wittgenstein (proposition du paragraphe 514 des *Recherches philosophiques*, [PALLEAU-PAPIN, 2007, p. 175-176]), deviennent un signal de cette imprécision dans le roman (parfois de façon énigmatique, voir p. 202). La narratrice met si souvent en garde les lecteurs contre ses propres incohérences, y compris quand l'avertissement est superflu en contexte, que la distance critique s'impose doublement et qu'on en vient à se méfier de ses avertissements, en se demandant ce que peut vouloir cacher l'évidence très appuyée, surtout sur des sujets triviaux, comme marcher sous la pluie quand elle affirme faire comme s'il ne pleuvait pas : "I did not fail to notice that those last two sentences must certainly look like a contradiction, by the way" (p. 203). Elle tient tant à se montrer sagace, vers la fin du roman en particulier, que son jugement ne semble guère fiable, en particulier quand elle abuse d'adverbes sans raison, comme "obviously" (p. 207, au sujet de son pistolet pour trouer un vélux et garantir une aération quand elle se chauffe au bois dans un musée, ce qui n'a rien d'évident). Loin de nous rassurer sur sa fiabilité, lorsque la narratrice donne régulièrement des exemples des imprécisions du langage, elle nous éduque donc à la méfiance critique vis-à-vis de sa narration. Moins elle est fiable, plus elle est maniaque de précision et plus nous sommes aux aguets. La thérapie ne serait donc pas tant celle du personnage qu'on soupçonne plus ou moins psychotique, que celle du lecteur, averti de ne pas se laisser berner par la narration homodiégétique et d'exercer son discernement. Comme la pensée de Wittgenstein invite à penser les problèmes par soi-même, la narration du personnage invite à comprendre qui veut et à combiner les fragments avec distance et circonspection, à recouper les informations sans nécessairement prendre les affirmations de la narratrice à la lettre.

Le paradoxe de Zénon, expliqué dans un long passage suivi, est un exemple de la façon qu'a la narratrice de dévier de l'exactitude. Elle commence par une fausse piste, l'appelant le paradoxe d'Archimède, avant de décrire de manière précise pourquoi Achille ne rattrape jamais la tortue qui est partie en avance sur lui. Elle se remet dans la situation de l'enfant qui apprend ce paradoxe à l'école, et qui n'admet pas la notion trop contre-intuitive de la limite infiniment petite : "Even when Achilles was only the tiniest fraction behind, however, and the tortoise could go only the tiniest fraction past that, what the teacher showed on the blackboard was that there would still always be more fractions" (p. 162). La différence entre le concept mathématique et l'intuition empirique est pour elle source de souffrance: "This finally almost made me want to cry" (p. 162). Sa manie associative s'emballe alors en tous sens, et elle affirme: "Philosophy is not my trade" (p. 163), avant de rectifier le nom du paradoxe, comme si elle reprenait le fil de sa pensée, avec justesse cette fois: "And in fact it was not Archimedes who had the paradox but it was Zeno" (p. 163). La phrase est révélatrice de son décalage permanent, d'abord par la copule entre les deux propositions ("And"), alors que le lien avec la phrase précédente ("Philosophy is not my trade.") semble contredire la correction, juste, cette fois. Dire, d'une part, "La philosophie n'est pas mon fort." [WINCKLER, p. 179] et, de l'autre, "Et en réalité, ce n'est pas Archimède qui a formulé ce paradoxe, mais Zénon", c'est associer deux phrases contradictoires, qui s'annulent. Cette copule représente donc un autre paradoxe, semblable à celui du Crétois qui dit que tous les Crétois sont menteurs, qui préoccupa beaucoup le philosophe anglais Bertrand Russell (et dont Bruce Duffy donna un résumé associé à la biographie du philosophe dans son chapitre "Russell's Paradox", dans son roman sur Wittgenstein, *The World as I Found It*, p. 52-61, publié un an avant *Wittgenstein's Mistress*). La locution adverbiale "in fact" complète ce paradoxe de la copule. En bonne logique, où est la réalité, où est le mensonge, si l'expression "And in fact" fait le lien entre deux propositions contradictoires? Ou bien la philosophie est le fort de la narratrice et alors le paradoxe est bien celui de Zénon, qui réfléchit à la notion de limite, ou bien la philosophie n'est pas son fort, et alors, pourquoi rectifierait-elle avec justesse une erreur factuelle (*in fact*)?

En disciple problématique de Russell et de Wittgenstein, elle aime jouer avec la logique et aussi avec la notion de limite, par exemple entre le temps de l'écriture et le temps de la diégèse: "Later today I will possibly masturbate. / I do not mean today, since it is already tomorrow. / Well, it is already tomorrow insofar as that I have watched a sunset and had a night's sleep since I began typing these pages. Which I began yesterday" (p. 37). Ce n'est guère par hasard qu'elle pose cette différence entre l'écriture et la vie sur le mode intime, en parlant de masturbation, comme si elle n'avait plus de limite ni de pudeur, et qu'elle écrivît soit pour elle-même uniquement, absorbée par l'écriture comprise comme un plaisir solitaire, soit pour des lecteurs d'une autre galaxie, qu'elle envahirait de son intimité, dans son exhibitionnisme intrusif. Le temps de l'écriture, ainsi que celui de la vie, figureraient d'une manière étrange son expérience personnelle du paradoxe de Zénon, en ce que les deux temporalités ne se rencontrent jamais, et que l'une est toujours à la limite de l'autre. Écrire sur sa vie ne peut être concomitant avec l'expérience, même si prolonger les deux, la vie comme l'écriture, constitue pour elle une consolation proche de l'onanisme, dans sa solitude.

Puis, la narratrice mêle la masturbation, le paradoxe de Zénon et *Le Château* de Kafka, dans un des télescopages dont elle a le secret : "I am quite certain that I masturbated on a road in La Mancha once, near a castle that I kept on seeing and seeing, but that I never appeared to get any closer to" (p. 37). Ce qui est saisissant, dans les paradoxes qu'elle juxtapose ainsi, c'est que se rejoignent enfin, de manière ahurissante et en un rapprochement émouvant, le désespoir de K., l'arpenteur qui n'atteint jamais le château alors qu'il marche inlassablement vers cette destination, et le triomphe de la tortue, parce que la plus lente gagne à sa manière sur le plus rapide, chez Zénon. "This finally almost made me want to cry." (p. 162), disait la narratrice de l'enfant qu'elle était, en se remémorant l'explication faite du paradoxe au tableau noir de son école. Enfin, c'est la victoire du plus faible, personnage de Kafka dans un monde terrifiant, ou tortue dans un monde aux pieds ailés. Dans le monde solitaire et sans avenir de la narratrice, cela vaut bien un bref moment d'onanisme.

Les subalternes sont ainsi représentés par le personnage de la narratrice et par ses allusions intertextuelles dans leur agencement complexe, pour suggérer une mise en relation thérapeutique, à la fois consolation pour le personnage focal et pensée autonome issue d'une lecture active pour les lecteurs. Ce roman met les subalternes à l'honneur aussi par son imitation du théâtre de Beckett, qui met en scène des personnages sans envergure héroïque, diminués physiquement, asservis, ou empêchés dans leurs mouvements. La narratrice, pas plus que l'arpenteur dans *Le Château*, ne parviendra jamais à un but précis, même si elle imagine un château rêvé à l'horizon de sa solitude : "Somebody is living on this beach." (p. 265), affirme-t-elle comme mirage d'une rencontre ou d'une promesse de contact, à la dernière page. Elle aussi attend Godot, qui ne viendra pas.

Le roman poursuit à sa manière l'évolution du théâtre de Beckett (1906-1989), où la perte de la nature est générale, désormais réduite au seul corps du personnage. Le dramaturge irlandais a progressivement diminué le nombre des personnages sur scène depuis *Waiting for Godot*

(1952) et *Endgame* (1958), pièces à quatre protagonistes, puis *Happy Days* (1962), dont les deux protagonistes ont les prénoms de Winnie et Willie, blanc bonnet et bonnet blanc, ou masculin et féminin d'une même figure peu individualisée, avant de composer un monologue, dont l'énonciateur est seul en scène, au titre très générique de *A Piece of Monologue: Monologue for Stage* (1983, publié dans *Collected Shorter Plays*). Si Markson s'agaçait parfois de se voir souvent comparé à Beckett, les critiques ont néanmoins vu juste en constatant une convergence de vues entre l'écrivain irlandais et lui. Dans un entretien avec Joseph Tabbi, Markson s'enorgueillit d'avoir essuyé plus de refus des maisons d'édition pour son roman que Beckett pour *Murphy* (et que J. P. Donleavy pour *The Ginger Man*), puisque *Murphy* aurait été refusé quarante-deux fois, et *Wittgenstein's Mistress* cinquante-quatre fois: "But then I left Donleavy and Beckett in the dust also" [Tabbi, 1990, p. 107]. Mais la comparaison est plus étayée que le seul rejet éditorial de l'innovation, et la convergence de vues dans l'attention que portent les deux écrivains aux laissés-pour-compte dépasse la coïncidence pour révéler une préoccupation éthique commune. Pour renverser les termes de la comparaison, il est intéressant aussi de constater qu'une éthique et une conception de la justice attentive aux anonymes ou aux personnalités de moindre notoriété (à l'image de Jeanne Hébuterne chez Markson) vont de pair chez ces deux écrivains avec une innovation formelle importante, suffisamment déconcertante pour provoquer des refus face à l'inconnu, chez de très nombreux éditeurs. Examinons maintenant l'aspect avant-gardiste des fragments combinatoires dans le roman.

UNE ŒUVRE PROTO-HYPERTEXTUELLE ?

Italo Calvino avait commencé à réfléchir à l'intelligence artificielle dès la fin des années soixante. Longtemps avant l'essor de la littérature numérique, il explorait les pratiques romanesques combinatoires, à la fin des années 70, dans son magnifique roman *Si par une nuit d'hiver un voyageur* (*Se una notte d'inverno un viaggiatore*, 1979, traduction française en 1981). Markson expérimente lui aussi, à sa manière, les possibilités d'une écriture combinatoire par fragments répétés avec des variations, dont la nouvelle mise en contexte de chaque mention ou de chaque nouvelle combinaison de plusieurs mentions permet des frictions du sens inattendues, car incongrues ou jusqu'alors inexplorées. Il convient d'abord de définir le mot anglais de "connection", que la narratrice emploie si souvent dans le roman. En 1988, quand *Wittgenstein's Mistress* est publié (et *a fortiori* pendant les années précédentes, quand il fut écrit), ce mot n'a pas encore le sens de connectivité numérique que nous lui donnons aujourd'hui. Sans définir une technologie, il correspond plus généralement à un enchaînement, à un agencement, à une mise en relation de fragments de texte, d'idées ou de concepts, et cette définition servit de modèle au fonctionnement de nos technologies numériques (encore parfois appelées "nouvelles" technologies), par lesquelles une page de littérature numérique peut en ouvrir une autre à partir d'un simple clic sur un lien, que celui-ci soit conditionnel ou aléatoire dans le programme qui conditionne le texte. Bien que le mot n'ait pas le sens usuel d'aujourd'hui, la facture même du roman imprimé évoque pourtant les possibilités de la littérature numérique, au moment où, dans les années 80, celle-ci n'en est qu'à ses débuts ; à titre d'exemple, un célèbre roman numérique de Michael Joyce, *Afternoon, A Story*, est édité en 1987, un an avant la publication de *Wittgenstein's Mistress*, avec le logiciel Storyspace que développèrent l'auteur et David Bolter.

Citations, fenêtres

Selon George Landow dans *Hypertext*, étude séminale de la littérature numérique, la citation participe de l'hypertexte [LANDOW, 2006, p. 54]. En fragmentant les unités de sens par paragraphes, les propositions de Markson, avec leurs allusions ou citations croisées, sont autant de références qui peuvent se déployer dans un espace avec davantage de liberté : "l'écriture par fragments déploie dans l'espace de la page ce qui était joint dans la superposition de type palimpseste", selon Cordier-Noël (p. 203). Le déploiement des segments citationnels donne plus d'espace à la rencontre de différentes références, à leur mise en relation à l'infini, et augmente leur capacité combinatoire.

Chez Markson, les citations sont parfois mal référencées et la narratrice du roman semble se délecter de fausses attributions, ou d'attributions contradictoires, qui s'annulent mutuellement dans le texte. Ainsi, elle attribue successivement à deux peintres différents la même affirmation : "Sculpture is the art of taking away superfluous material, Leonardo once said, if that is at all relevant? / Although it was not Leonardo who said it but was Michaelangelo" (p. 96). Elle cite à nouveau Michel-Ange, qui aurait dit, selon la légende : "Painting is not my trade", pour opposer un refus au pape qui souhaitait lui faire peindre le plafond de la chapelle Sixtine, prétextant qu'il était sculpteur, plutôt que peintre. Selon son habitude, la phrase est mentionnée sans guillemets, ce qui signale déjà une appropriation de la citation, même si l'antéposition dans la phrase la met en relief syntaxiquement. Les citations sont les jouets de la narratrice, qui les possède, les malmène ou les casse. Elle met ainsi la phrase de Michel-Ange à la mode de chaque art. Elle l'applique à la littérature, et à elle-même par la même occasion : "Doubtless making it just as well that writing novels is not my trade in either case", avant d'attribuer, dès le paragraphe suivant, cette affirmation à Léonard de Vinci, encore lui, dans une phrase tronquée : "Well, as Leonardo similarly said" (p. 256). Le jeu entre Léonard de Vinci et Michel-Ange, la citation de refus adaptée à un nouvel art, dans un nouveau contexte, la similitude affirmée là où il n'y a pas de correspondance analogique claire ("similarly"), ou quand celle-ci reste sujette à élaboration et glose, voilà des exemples du bougé instable des échos citationnels dans le roman. La citation entre ainsi dans la spirale de la composition, comme si elle s'émancipait de sa source pour chercher du sens ailleurs. Le mot de "resonance" évoque pour la narratrice la possibilité d'une association d'idées de l'ordre de cette émancipation citationnelle : "Moreover even after having heard of them I might very well have forgotten about them again entirely, if their names had not had a certain resonance" (p. 192). La résonance entre les noms, comme la similitude entre les arts, ouvre des associations infinies selon le point de contact choisi, et la multiplicité des points de contacts produit une arborescence qui donne parfois le vertige (à l'image du *clinamen* des balles de tennis qui heurtent les marches de la place d'Espagne, v. Le *clinamen*).

Malgré cette arborescence foisonnante suggérant de multiples liens possibles, une grande différence entre le roman et la littérature numérique vient de l'absence d'intersémioticité dans le roman. Si la narratrice ne cesse d'évoquer de nombreux peintres, musiciens, ou même quelques réalisateurs (Andreï Tarkovski n'est pas nommé, mais son film *Andreï Roublev* l'est à demi-mot, p. 106), acteurs (Peter O'Toole, dans *Lawrence of Arabia*, Marlon Brando, p. 105), ou actrices (Katharine Hepburn, p. 105), aucun lien ne donne accès à un autre média que le texte (linguistique) et le saut intermédial vers les œuvres ne peut se produire que dans la mémoire des lecteurs, ou dans leurs recherches annexes.

Markson est précurseur de l'ouverture textuelle décuplée ensuite par l'essor de la littérature numérique, qui favorise les développements non linéaires et associatifs grâce à la navigation, par l'ouverture de nouvelles fenêtres, figurant autant de sauts métaleptiques d'une page à l'autre, d'un niveau de lecture à un autre. Mais, chez lui, le fenêtrage n'est que suggéré, comme un trope classique de la littérature, et non comme un dispositif nouveau. Néanmoins, le motif de la fenêtre évoque avec insistance un regard qui passe d'un espace à un autre, une éventuelle manipulation du point de vue et la possibilité d'une interactivité par un saut métaleptique vers un ailleurs. La narratrice livre ainsi l'information suivante, dans un paragraphe sans grand rapport avec les précédents, si ce n'est qu'elle énumère des auteurs qu'elle aurait lus, ou qu'elle n'aurait jamais lus : "I do believe that I once read *Wuthering Heights*, however, which I mention because all that I seem able to remember about it is that people are continually looking in or out of windows" (p. 61). Dix pages plus loin, elle reprend ce sujet, sans aucun rapport avec le paragraphe précédent : "At first glance one would scarcely have expected *Wuthering Heights* to be a book about windows, either" (p. 71). L'expression "At first glance" pose ici le problème de sa métaphore. Qu'est-ce que lire "à première vue" [WINCKLER, p. 80], puis peut-être à mieux y regarder, par une lecture moins superficielle ? Le motif de la fenêtre, signe d'enfermement et désir d'échappée des personnages dont la vie est bornée par les conventions victoriennes, est certes un thème du roman. Mais que dire du coup d'œil de la lectrice, dont le regard superficiel d'une lecture en survol risquerait de manquer une récurrence thématique du roman d'Emily Brontë, importante pour sa compréhension, et qu'elle souligne ici ? Par la métaphore du regard de la lectrice qui regarde les personnages romanesques regarder par la fenêtre, un saut (métaleptique) est franchi, par une mise en miroir du monde fictionnel et de l'univers des lecteurs, l'un regardant l'autre. La spécularité peut alors s'élargir à une confusion entre le monde et l'art : "Yesterday's sunset was a Vincent Van Gogh sunset, with a certain amount of anxiety in it." (p. 61), affirme-t-elle encore. Les tableaux du peintre lui permettent de donner une image à sa dépression, dont elle parle à plusieurs reprises ; ils offrent une fenêtre intersémiotique à sa narration, bien que l'image ne soit pas donnée visuellement et qu'elle reste textuelle, suggérée par la seule mention d'un artiste (pas même d'un tableau précis), mais d'un artiste suffisamment connu pour évoquer des images, inscrites dans notre mémoire.

Chaque suggestion de piste citationnelle ou biographique invite aussi à une recherche hors page, à un développement ou à une explication possible hors diégèse si l'on souhaite comprendre le détail des allusions, que ce soit en fouillant dans notre mémoire ou en cherchant ailleurs, si l'on souhaite poursuivre l'extrapolation dans une œuvre ouverte comme la définit Umberto Eco, avant tout par une pluralité d'organisation ou un champ de possibilités : une œuvre est ouverte "en ce qu'elle peut être interprétée de différentes façons, sans que son irréductible singularité soit altérée" [Eco, 1965, p. 17].

Un dispositif énigmatique

Un autre point qui rapproche le roman de la littérature numérique est l'accent mis sur le dispositif de sa composition. Dans la littérature numérique, on estime parfois que le programme primerait presque sur l'écriture, parce qu'il la conditionne et qu'il en conditionne aussi la lecture, grâce à ses liens hypertextuels conditionnels ou aléatoires décidés à la programmation, et par l'ensemble du dispositif technique, que ne maîtrise pas le lecteur au moment de sa lecture (sans entrer dans le dispositif du programme). En résumé rapide, il y a le texte à l'écran et la technique qui est cachée, c'est-à-dire le dispositif d'accès au texte. Un bon lecteur de ce type de littérature serait à la fois lecteur attentif et informaticien, finalement. Or le roman de Markson joue sur quelques allusions obscures, qui reviennent de manière inexpliquée, et qu'on peine à relier à d'autres fragments, comme un lien qui serait obligé par un dispositif avec une intentionnalité de l'auteur, mais qui resterait caché, et qui ne clarifierait pas son importance dans l'intrigue ou dans les thématiques du roman de manière évidente pour le lecteur.

Un exemple de ce type de mention énigmatique est celui de Lititz, en Pennsylvanie (pp. 33, 74, 122, 123, 263). Quand Markson compose son roman, le geste d'entrer un mot sur un moteur de recherche n'est pas encore pratique courante. Il faut aller chercher dans des encyclopédies ou dans sa mémoire et se poser des questions, sur le mode de l'association d'idées aussi, à la rencontre des associations du personnage, comme on l'a dit. Si un coq-à-l'âne évoque quelque chose, la recherche d'une confirmation de l'intuition n'est pas aussi rapide ni facile qu'aujourd'hui. "Lititz" constitue cette sorte de nœud du texte, dont les liens avec les autres fragments du roman ne sont pas évident. La lecture d'aujourd'hui et une rapide recherche permettent d'approfondir cette énigme, comme si une œuvre attendait l'avenir et les possibilités d'une lecture hypertextuelle, comme si le texte de Markson anticipait l'hypertexte qu'il ne pratiquait pas. Deux choses remarquables ont fait passer cette ville provinciale de Pennsylvanie à un niveau de renom relatif. La première, et sans doute la plus généralement connue, vient de ce que c'est le lieu où sont encore fabriqués des pièges à souris de la marque Victor®, dans le Comté de Lancaster, en Pennsylvanie ; c'est aussi un lieu qui protégeait les membres de l'Église morave, par ce qu'on appellerait sans doute aujourd'hui de la discrimination positive. Pendant un siècle, dans la ville de Lititz, fondée en 1756 par les Moraves, seuls les membres de cette Église étaient autorisés à être propriétaires (Wikipédia). Historiquement, cette branche protestante du XVe siècle, victime de persécutions en Moravie, fut contrainte de s'exiler (en Saxe, puis en Amérique du Nord). La ville est donc connue à la fois pour ses pièges à souris et, plus anciennement, pour son accueil des réfugiés moraves.

Les mentions de Lititz sont parfois liées aux tentatives d'orientation de la narratrice, qui déclare avoir besoin d'un atlas pour localiser deux villes : "having wished to remind myself where Lititz, Pennsylvania, and Ithaca, New York, might be" (p. 74). Mais que faire de cette double localisation, quand on manque de repères narratifs ? Les lecteurs auraient bien besoin d'un atlas de lecture aussi, pour orienter leur compréhension, leur mise en relation des fragments répétés de manière insistante, mais toujours inexpliquée en ce qui concerne Lititz, et qui semble devenir un leitmotiv énigmatique, sans clef d'interprétation de lecture. Un lien avec *La souricière*, titre la célèbre pièce de théâtre d'A. Christie, *The Mousetrap* (1952), ne semble guère évident, mise à part la mention de neige et d'isolement, puisque la pièce se déroule dans un hôtel de la campagne anglaise coupé du monde par une tempête de neige (et le film de François Ozon, *Huit femmes*, 2002, s'en inspire). Est-ce une image de la narratrice, en proie aux éléments, qui cherche qui a tué l'humanité ? Est-ce un délire citationnel qui gagnerait le lecteur, à l'affut d'indices qui ne seraient que des détails gratuits, disposés comme autant de leurres ? Est-ce un modèle du dispositif marksonien dans ce qu'il a de plus abscons, comme une allusion d'allusion, ou la tentation d'un langage privé ?

En guise d'autres exemples de liaisons proto-hypertextuelles, nous étudierons brièvement les possibilités des mises en relation nouvelles en suivant la piste des portraits en collage, puis des télescopages chronologiques que le roman présente de manière spectaculaire, en reliant plusieurs époques de manière anachronique pour mieux mettre en lumière des relations inexplorées entre les siècles, ou même, entre les millénaires.

Collage : un auto-portrait en miroir

Le récit utilise certains codes de l'auto-fiction pour mieux les déjouer, la narratrice alternant entre distance et proximité, et disant plus de choses sur son intimité quand elle se retranche derrière d'autres personnages, qui sont autant de mises en miroir d'elle-même. Elle se pose crânement la question d'écrire une autobiographie : "Unless on third thought it just might change matters if I were to make it an absolutely autobiographical novel?" (p. 254). Une page plus loin, elle affirme que c'est le cas : "Well, this being an autobiographical novel" (p. 255). Si son texte ne correspond pas à la définition canonique de l'autobiographie (d'après *Le pacte autobiographique* de Philippe Lejeune, Le Seuil, 1975) selon laquelle il faut qu'auteur, narrateur, et personnage principal ne soient qu'une seule personne, la narratrice joue pourtant sans relâche avec cette possibilité, à sa manière détournée. Elle n'apparaît jamais directement, elle échappe à la description traditionnelle, et nous ne connaissons d'elle ni sa taille, ni ses caractéristiques physiques, mais nous l'approchons par une spécularité multiple.

Sans description de son visage, elle livre pourtant ses émotions intimes, mais comme à travers un "voile". Lorsqu'elle dit à plusieurs reprises avoir sangloté, du verbe anglais "weep", répété dans deux phrases consécutives et doublé d'une insistence verbale ("Perhaps I did weep, that afternoon"), elle ajoute, dans le paragraphe suivant : "Though perhaps it was weariness too, behind the veil of madness that had protected me, and which, that afternoon, had slipped away" (p. 55). Lassitude, folie, les causes de son émotion sont évoquées avec hésitation, mais le "voile de folie" la décrit sans doute davantage, parce que l'expression souligne, par l'image d'un tissu fin ou d'une gaze, qu'elle pose un écran entre soi et soi, dans la dissociation d'une pathologie.

Il n'est guère étonnant que la question de l'autorité et de la signature compte beaucoup pour tenter d'affirmer son existence multiple, à plusieurs facettes. Comme pour contrecarrer son identité fluctuante, à plusieurs reprises, elle signe le miroir des toilettes femmes, de lettres tracées au rouge à lèvres : au Musée Borghese, elle signe sous le nom de Giotto (p. 76), puis au Musée du Louvre, sous celui de Jeanne Hébuterne (p. 173). Dans les deux cas, elle éprouve le besoin de préciser une évidence, en répétant exactement la même phrase : "What I was signing was an image of myself, naturally" (p. 76 et p. 172). Dans le premier cas, elle enchaîne sur un commentaire sur l'unique miroir de la maison de sa mère, où elle se trouve au moment de l'écriture, et constate qu'elle y voit l'image de sa mère. Au lieu de dire directement que, en vieillissant, elle ressemble de plus en plus à sa mère, ou une banalité de ce genre, elle présente les étapes de sa réflexion dans une chronologie et une écriture intéressantes, un paragraphe après l'autre marquant une pause typographique artificielle pour retracer les étapes de sa pensée suivie, face au miroir dans la maison maternelle où elle se trouve :

> What that mirror reflects is also an image of myself, of course.
>
> Though in fact what it has also reflected now and again is an image of my mother.
>
> What will happen is that I will glance into the mirror and for an instant I will see my mother looking back at me.
>
> Naturally I will see myself during that same instant, as well.
>
> In other words all that I am really seeing is my mother's image in my own.
>
> I am assuming that such an illusion is quite ordinary, and comes with age.
>
> Which is to say that it is not even an illusion, heredity being heredity.

Still, this is the sort of thing that can give one pause.

Even if it has also entered my mind to realize that I may be almost as old, by now, as my mother was then.

My mother was only fifty-eight. (pp. 76-77)

Après l'évidence redondante, déjà affirmée cinq courts paragraphes plus tôt, qu'on ne voit que soi dans un miroir, elle évoque le saisissement d'une reconnaissance inattendue, quand elle croit voir sa mère défunte. Mais la phrase qui l'énonce mêle deux temporalités : celle, révolue, où sa mère bien vivante s'est vue dans le même miroir, et celle du moment où elle se regarde et où elle trouve qu'elle ressemble à sa mère. La première temporalité pourrait être exprimée par un temps du passé révolu, comme le prétérit, mais la phrase emploie le "present perfect" : "what it has also reflected" insiste sur le prolongement dans le présent du souvenir d'un reflet fuyant, intermittent ("now and again"), comme si le miroir gardait la trace d'un passage de l'image dans son tain, comme s'il photographiait l'image éphémère, souvenir indiciel, instantané, mémorisé par le miroir faisant office de chambre claire et qui le rendrait comme un écran, prêt à s'ouvrir sur une autre image (ou fenêtre d'hypertexte avant l'heure). Sa mère a occupé le même espace que la narratrice devant le même miroir, qui ne fait que reprendre le reflet à son compte. Et la narratrice écrit curieusement au futur, qui laisse encore entendre la force étymologique de la volonté, avec "will" employé quatre fois dans le passage cité. Il n'y a pas moyen d'échapper à cette obligation, et "What will happen" ouvre la phrase comme une fatalité. Sur le mode du proverbe "boys will be boys", le futur de cette phrase laisse entendre une évidence qui résonne comme une vérité générale, quelque chose comme "old girls will be old girls". Elle passe ensuite à la forme en –ing, comme si elle partageait un présupposé avec les lecteurs, après le premier instant de surprise : "all that I'm really seeing is my mother's image in my own". L'expression est belle de fausse simplicité, et riche d'associations. Le –ing indique un fait bien entendu, une vérité partagée, une évidence comprise par tous, tandis que le mot "image" prend le double sens de reflet dans le miroir, le sien, et d'*imago*, ou image mentale de sa mère, souvenir qu'elle a d'un visage disparu mais dont les traits de ressemblance se retrouvent dans les siens. Les rapports indiciel et iconique de l'image se mêlent alors dans cette expression simple (pour reprendre la classification de Charles Sanders Peirce, qui définit le signe selon trois sortes, soit icône comme ressemblance à l'objet, soit symbole comme lien à l'objet par un système de pensée, soit index par relation physique, voir en ligne la sémiotique de Peirce). Il y a contiguïté spatio-temporelle, donc indicielle, entre elle et son reflet, mais aussi continuité génétique entre elle et sa mère, qui fait de cette dernière une icône ressemblant à la narratrice, par "héritage" insistant (appuyé par la tautologie "heredity being heredity"). L'héritage est assez troublant pour qu'elle affirme s'arrêter sur le phénomène : "the sort of thing that can give one pause." En d'autres termes, elle peut toucher l'endroit où sa mère s'est reflétée autrefois et elle lui ressemble par ses traits, comme si les deux sortes de lien avec l'image de sa mère redoublaient son contact avec elle, contact pourtant perdu. Elle en parle comme d'une pensée magique, dans un instant où le réel lui semble étrange, l'arrête, la force à faire une pause prégnante, l'invite à considérer le miroir comme habité d'un autre soi-même : son image doublée d'une revenante.

Elle se préoccupe aussi beaucoup du moment de surgissement de la pensée, dont elle parle à la deuxième personne, comme pour inclure le lecteur dans sa vision : "Although what I am really still thinking about is how you could actually see Wittgenstein thinking, that way" (p. 193). Dans sa boucle autoréflexive, elle cherche à saisir l'instant où la pensée de l'un rejaillit sur celle de l'autre, lorsqu'elle pense à Wittgenstein qui pense, et qu'elle inclut les lecteurs construits par son texte dans la boucle, par son usage de la deuxième personne. De cette manière, elle multiplie les images de réflexivité : auto-portrait au miroir de sa mère, auto-portrait en penseur et auto-portrait en Madame Tout-le-monde, aussi, lorqu'elle introduit un flottement entre le pronom personnel "I" et le pronom impersonnel "one" : "In fact I have more than once taken comfort in knowing this, there being so many people one has never read one word of one's self" (p. 112). Dans cette phrase, elle redouble de complicité avec les lecteurs par l'emploi de deux formes en –ing ("knowing" et "being"), signal de partage d'une évidence, et elle poursuit le partage d'un déchiffrage syntaxique dans la pauvreté lexicale, en donnant au mot "one" deux fonctions grammaticales dans cette courte proposition qui utilise le mot à trois reprises : le pronom impersonnel (dans "one has" et "one's self") n'a pas la même fonction que le déterminant "one word".

Elle met ainsi souvent à proximité, par le même mot "one", le déterminant (par exemple, "un livre", avec l'élision du substantif "book") et le pronom impersonnel (comme "on" en français), créant un effet de perte de repère entre les deux fonctions grammaticales du mot, qui a pour effet de dépersonnaliser son récit de manière étrange, lorsque le déterminant "one" parle d'un ouvrage, puis, après un passage par le mot "anybody", "one" devient le pronom impersonnel :

> One is actually called The Eiffel Tower, of all nonsense subjects.
>
> There is naturally nothing in any of the plays about anybody menstruating, incidentally.
>
> Although when one comes right down to it, one can often make an educated guess about that sort of thing despite the silence. (p. 108)

Bien qu'il n'y ait guère de confusion possible quant au sens du mot "one" dans ces phrases, la reprise du mot en nominatif dans des fonctions pourtant différentes donne une impression d'écholalie ou de vertige du sens, qui s'accompagne d'une perte de la raison des enchaînements : on peine à comprendre comment la narratrice passe d'un sujet à un autre dans ces paragraphes successifs, faussement reliés par le sujet des règles, tandis que le mot "nonsense" semble contaminer l'énoncé, comme une clef de lecture. Pareille proximité du pronom impersonnel et du déterminant revient dans d'autres pages :

> One manner of being alone simply being different from another manner of being alone, being all that she would finally decide that this came down to, as well.
>
> Which is to say that even when one's telephone still does function one can be as alone as when it does not. (p. 256)

Le mot "one" se double de rimes internes visuelles dans les mots "al*one*" ou "teleph*one*" ; il semble contaminer son texte, le faire osciller entre le chiffre un et la dépersonnalisation du discours, en un verbiage logorrhéique, quand la répétition écholalique des mêmes trois lettres ne peut que souligner la solitude ou la pathologie. Ça tourne en rond autour de "one", dans les ratiocinations d'un cerveau malade qui a du mal à se représenter en une identité unique et continue, y compris évolutive.

Écholalique, la narratrice est aussi kaléidoscopique quand elle crée des images multiples d'elle-même en miroir de plusieurs sortes, y compris en creux, sur le mode négatif, dans un tableau de la maison où elle habite. Elle imagine un personnage manquant à la fenêtre : "Or rather what I was talking about when I was talking about the person who is not at the window in the painting of this house" (p. 67). Image d'elle-même qui regarde le monde depuis sa fenêtre, ou de sa mère qui habitait la maison jusqu'à sa mort, c'est par l'absence que le tableau figure l'irreprésentable. Il n'y a plus de peintre pour peindre ni l'une ni l'autre à sa fenêtre, il ne reste qu'une coquille sans regard, la représentation de la maison qui l'abrite. Shelley Jackson pousse beaucoup plus loin visuellement la fragmentation du portrait dans son roman hypertextuel *Patchwork Girl* (Eastgate Systems, 1995), mais la narratrice de *Wittgenstein's Mistress* fragmente déjà linguistiquement les images de son autoportrait en écrivaine.

Comme son portrait, la stabilité de son œuvre reste illusoire. Elle compose le texte qu'on lit sur une machine à écrire, et son identité se définit par la narration et la représentation de soi par les mots. Elle signe les miroirs des musées, pour figurer aussi un contrat de filiation avec son œuvre. En faisant retour sur son écriture, sur les imprécisions du langage en pseudo-héritière de Wittgenstein, elle semble chercher à atteindre un niveau de conscience supérieur du langage comme outil d'analyse et à échapper au solipsisme complet par un dialogisme imaginaire, pour parvenir à conclure son roman par l'image d'un Vendredi sur la plage. Son dialogue avec des œuvres mentionnées de manière insistante, comme avec le roman *The Recognitions* de William Gaddis, participe d'un dialogue avec les lettres de son temps, qui s'apparente au collage.

Comme le souligne Marjorie Perloff, dans un collage, en littérature comme en art, chaque fragment collé retient quelque chose de sa provenance : "it always involves the transfer of materials from one context to another, even as the original context cannot be erased" [PERLOFF, 2003, p. 47]. Le déplacement ironise la source, la transforme, la fait entrer dans la fiction, mais une trace subsiste et hante l'œuvre. L'assemblage de fragments et les collages de la narratrice posent un problème de découpage : "each element in the collage has a dual function : it refers to an external referentiality even as its compositional thrust is to undercut the very referentiality it seems to assert." (*Idem.*, p. 49). Les juxtapositions de fragments relatifs à la vie des écrivains ou des peintres sont donc équivoques, en ce que leur déplacement, dans le récit d'une narratrice dont on ne peut garantir la fiabilité, remet en question les bouts de vie ou les faits divers relatés : "The position of writing in collage is thus equivocal; the words refer to people and events, yet the collage structure simultaneously contradicts that reference." (*Idem.*, p. 50). L'équivoque du collage, entre la référence et sa déstructuration, est particulièrement remarquable dans la manière dont Markson mentionne Gaddis.

Dans le rapport à William Gaddis, la métalepse de l'espace du roman à celui de la vie de Gaddis et Markson est renforcée par l'admiration, bien réelle et fondée, que Markson avait pour l'écrivain, auteur de *The Recognitions*. Ce rapprochement reste hors texte, mais se laisse sentir dans le roman. Quand la narratrice affirme que son chat a sauté sur les genoux de Gaddis (p. 159), le geste suggère une familiarité dans un cercle personnel et un rapport de confiance, qui donne l'indice d'un saut entre le récit et le monde. Mais la métalepse prend des allures hilarantes dans le télescopage avec une autre référence, implicite celle-ci, à Flavor Flav (de son vrai nom William Jonathan Drayton), le rappeur qui a cofondé le groupe *Public Enemy* (en 1982) avec Chuck D. Le musicien Flavor Flav est connu pour arborer un réveil en guise de collier. La narratrice prétend n'avoir jamais lu *The Recognitions*, mais elle aurait aimé pouvoir en faire l'éloge, pour la bonne raison que le roman parlerait d'un homme avec un réveil autour du cou : "Doubtless I would have spoken quite well of it myself, had I read it, what with having gathered that it was a novel about a man who wore an alarm clock around his neck" (p. 160). À la fin du roman, la narratrice mélange de nombreuses références, toujours farfelues, dans sa reprise de Flavor Flav en lien avec Gaddis : "Then again, Rainer Maria Rilke once wrote a novel called *The Recognitions*, about a man who wears an alarm clock around his neck, which seems less like a lie than just a foolish subject for a book altogether" (p. 217). Pour le moins inattendu, le passage de William Gaddis (1922-1998) au poète autrichien Rainer Maria Rilke (1975-1926), l'un comme l'autre en tant qu'auteur de *The Recognitions*, n'est guère plus hurluberlu ("a lie", écrit-elle) que transformer Flavor Flav en un personnage de Gaddis. L'humour du rapprochement n'est pas explicite, cette omission permettant aussi une réflexion plus sérieuse sur le symbolisme du réveil accroché au cou comme un *memento mori* ("souviens-toi que tu te meurs", formule chrétienne en latin qui exprime la vanité de la vie terrestre, éphémère et entachée par le péché, par opposition à l'éternité de la vie céleste) ; le *memento mori* du réveil, porté en pendentif encombrant, serait peut-être un point commun entre tous les arts et, pourquoi pas, entre l'excellent rap de *Public Enemy* et le roman magistral de Gaddis. Toujours prête à la surenchère, la narratrice multiplie le nombre de montres à son poignet et de montres à gousset accrochées autour du cou, sans trop savoir pourquoi : "I doubt that wearing thirteen or fourteen wristwatches, along the length of one's forearm, is especially relevant. / Well, and for a period several gold pocket watches also, on a cord around my neck" (p. 32). Le plaisir de la reconnaissance, pour qui connaîtrait les deux références, n'en est que plus réjouissant, si l'on apprécie le grand écart culturel entre le rap et une littérature de réputation élitiste, bien que ce roman de Gaddis n'ait de pseudo-difficulté que sa longueur (956 pages dans l'édition Penguin, mais une intrigue assez facile à suivre et une écriture nettement plus explicite que celle des romans ultérieurs de Gaddis).

Dans *The Recognitions*, le faussaire Wyatt Gwyon livre sa profession de foi lorsqu'il explique ne pas pouvoir faire un faux de Fra Angelico, parce qu'il respecte l'éblouissement mystique du moine peintre, agenouillé pour peindre la mort du Christ : "Fra Angelico painted down on his knees, he was on his knees and his eyes full of tears when he painted Christ on the Cross." [Gaddis, p. 242]. Peindre la mort du Christ à la manière de Fra Angelico est un tabou pour le faussaire, qui met une limite à sa propre corruption. L'art authentique représente un absolu que les deux écrivains vénèrent aussi, chacun à sa manière, en inscrivant leur ouvrage dans une filiation artistique sublimée de manière presque mystique, en dépit de leur ironie mordante, de rapprochements incongrus pour l'un et de la satire du faux pour l'autre. Dans *Wittgenstein's Mistress*, les références de Markson à la folie de Vincent Van Gogh et à Hugo van der Goes sont autant de clins d'œil au roman de son ami William Gaddis. Tous deux se préoccupent de l'aura lumineuse d'une peinture, comme signe d'un point de contact entre le monde réel et l'idéal, parce que la lumière viendrait presque de l'intérieur de la peinture (comme dans un glacis), ou, selon les mots de la narratrice de Markson : "Van Gogh having had that gift for making his pigments sometimes seem to glow, too, by the way." (p. 242) ; tandis que le personnage de Gaddis, Wyatt Gwyon, reprend une critique d'art pour commenter le pouvoir quasi magique d'une œuvre : "it gives that sense of projecting illumination, instead of receiving it from outside" [Gaddis, p. 239]. La dépression de van der Goes (selon Vasari) est reprise chez Markson : "Hugo van der Goes was not able to paint religious paintings in a church unless friars sang psalms to keep him from sobbing all day" (p. 97). Markson ajoute de nombreux anachronismes pour bousculer l'histoire de l'art selon les délires de sa narratrice, tandis que Gaddis joue aussi avec le temps dans son roman sur les faussaires de peintures anciennes et la rencontre malheureuse entre l'art et le mercantilisme corrompu de son monde contemporain. D'autre part, la narratrice laisse entendre que le roman magistral de Gaddis est inscrit dans sa mémoire et qu'il subsiste donc à ce qu'il reste de postérité, même en l'absence de réimpression : "For that matter I have more than once thought about *The Recognitions*, by William Gaddis, when I have not seen a copy of *The Recognitions* by William Gaddis in twelve or fifteen years" (p. 104). La répétition du titre et de l'auteur, redondante dans une telle proximité, donne une idée du culte obsessionnel et maladroit qu'elle voue à l'œuvre, comme si le roman de Gaddis complétait son autoportrait par références kaléidoscopiques et qu'il permît aussi de la définir.

Les "connexions" anachroniques

Les sauts d'une époque à une autre sont si fréquents qu'ils donnent ce vertige qu'on éprouve souvent à l'ouverture d'une série de fenêtres, dans la littérature hypertextuelle. La narratrice semble se délecter d'une chronologie problématique, dont les mesures ne sont pas à proprement parler temporelles, mais liées à la lecture et à l'écriture : "I also believe I have not indicated that this is another day of typing, which is why I expressed hesitation as to whether quoting Friedrich Nietzsche had occurred yesterday or the day before yesterday" (p. 61). Cette temporalité semble définie pour la narratrice, mais elle ne l'est pas pour le lecteur, pour qui le référentiel n'est pas clarifié. Elle se contredit sur la même page, où elle affirme n'avoir jamais lu Nietzsche : "Even if I am equally convinced that I have never read a single word written by Friedrich Nietzsche" (p. 61). La conjonction "Even if" signale la contradiction, comme si les deux énonciations émanaient de deux narratrices différentes, ou bien d'une seule, mais à la conscience scindée. Elle enchaîne ensuite pour parler de ce qu'elle a lu, ou de ce qu'elle n'a pas lu (*Wuthering Heights*, Pascal), puis télescope plus loin Nietzsche et Pascal, de manière inexplicable (p. 98). Entre les pages 61 et 98, elle interprète différemment l'auteur de la citation inconnue, cette fois comme Pascal : "In fact I have just even quoted Friedrich Nietzsche. / Actually, it was almost an hour ago when I quoted Friedrich Nietsche, who was really Pascal" (p. 98). Or, elle n'a pas cité Nietzsche dans la phrase précédente, qui faisait allusion à l'homosexualité d'Achille et de Patrocle (selon les catégories de l'époque moderne), pas plus qu'elle n'a cité Pascal. Le mécanisme de ses associations d'idées s'enraye, elle se perd, lorsqu'elle cherche obscurément dans ses souvenirs de lectrice, et le lecteur doit faire le tri, comme à l'écoute d'une personne qui perdrait la mémoire ou qui connaîtrait des moments de dissociation psychique.

La narratrice dit ne pas se souvenir, puis se souvenir de ce qu'elle avait oublié, avant de poursuivre ses associations d'idées à l'infini, en négation comme en affirmation, jusqu'à la perte de sens. L'apothéose de ses enchaînements de thèses et d'antithèses, au fil d'une temporalité obscure, se remarque dans des énoncés de ce type : "Which is to say that even though I happen to be thinking about them now as having been people I might have thought about writing to then, they may have obviously not been people I would have been thinking about writing to then after all" (p. 230). La phrase semble suivre une logique qui lui est propre et dont l'utilité, ou même l'intérêt, échappe au lecteur. Entre le "then" et le "now", pour dire deux moments mal définis dans la chronologie, le balancement obsessionnel de ses considérations logiques ressemble à un jeu de langage gratuit, qui pourrait peut-être, tout au mieux, suggérer l'épaisseur de la conscience, entre la mémoire courte et la mémoire longue, entre le souvenir enfoui et le souvenir immédiatement présent d'une action dérisoire, qui consiste à écrire à des personnes connues pour leur demander de donner un nom à son chat. Elle utilise souvent de nombreux liens logiques et connecteurs, mais qui ne donnent qu'une illusion d'interlocution, ou plutôt, qui signalent un échange entre soi et soi. Certains adverbes, en particulier en fin de phrase, sont inutiles, comme dans ses réflexions sur la signature d'un miroir : "What I was signing was an image of myself, naturally. / Should anybody else have looked, where my signature would have been was under the other person's image, however" (p. 76). L'adverbe "naturally" est comique, parce que, si elle énonce une évidence qui s'accommoderait de l'adverbe "obviously", il n'y a rien de naturel dans son geste. Quant à l'adverbe "however", il est absurde dans la phrase, parce qu'il n'y a pas d'opposition dans le sens. La temporalité de la phrase pose également question, l'antériorité de "would have been" entrant en contradiction avec "was", le premier émettant une hypothèse irréelle au "present perfect", dans une continuité jusqu'au présent, et le second un mode indicatif au prétérit, comme un fait avéré et révolu, alors que les deux formes verbales devraient s'inscrire dans une même irréalité et une même temporalité. Sa logique ne répond qu'à ses propres exigences, sans contrôle extérieur ni prise sur le monde, c'est un enchaînement d'associations dans un solipsisme. Elle mêle les modes (indicatif et conditionnel) et les temps, et sa flèche du temps ne décrit pas une trajectoire claire. Comme dans de nombreux récits d'hypertexte, dont le roman *Afternoon, A Story*, publié un an avant le roman (JOYCE, 1987), les lexies successives ouvertes au fil de la lecture ne sont hiérarchisées ni chronologiquement, ni logiquement et constituent une énigme par leur brassage, parfois dans un même paragraphe.

La structure de sa pensée correspondrait à la définition du texte idéal, selon Roland Barthes dans *S/Z* :

> Dans ce texte idéal, les réseaux sont multiples et jouent entre eux, sans qu'aucun puisse coiffer les autres, ce texte est une galaxie de signifiants, non une structure de signifiés ; il n'a pas de commencement ; il est réversible ; on y accède par plusieurs entrées dont aucune ne peut être à coup sûr déclarée principale [...] ; de ce texte absolument pluriel, les systèmes de sens peuvent s'emparer, mais leur nombre n'est jamais clos, ayant pour mesure l'infini du langage.
>
> [BARTHES, 1970, p. 11]

Dès 1970, Barthes avait pensé un texte qu'il appelait "idéal", définition qu'on peut reprendre rétrospectivement comme une anticipation de l'hypertexte, et qui correspond en grande mesure au roman de Markson. Dans ce texte aux réseaux multiples, la chronologie est bousculée, pour rapprocher, à l'occasion de la mention des Dardanelles ou de l'Hellespont, la Première Guerre mondiale et la guerre de Troie. La narratrice évoque ainsi le poète anglais Rupert Brooke (1887-1915), connu pour ses poèmes contre la guerre (p. 114) et mort sur l'île de Scyros, "where Achilles did all that hiding", précise-t-elle, avant d'ajouter immédiatement : "Again, however, I am by no means implying that there is any significance in such connections" (p. 115). Suggérant des liens, les mettant en doute immédiatement, la narratrice déstabilise ses propres affirmations, comme pour rejeter la centralité de son point de vue et inviter à parcourir son texte comme plusieurs "systèmes de sens." Elle applique ce procédé d'affirmation et de mise en doute à de multiples reprises, chaque fois qu'elle établit un lien entre son époque et celle du monde antique et de la guerre de Troie, dont le site s'appelle désormais Hisarlik :

> Have I mentioned that Sappho's father was named Scamandros, for the river near Hisarlik that I once went to see, by the way?
>
> I am by no means implying that there is anything significant about this, which merely strikes me as an agreeable fact to include. (p. 108)

Elle poursuit à la page suivante, après avoir signalé que le fils d'Hector s'appelait Scamandrios : "I have no wish to imply anything in regard to this coincidence, either" (p. 109). Elle signale avec obstination les liens entre elle-même et Troie, via les coïncidences de noms entre le père de Sappho et le fils d'Hector, donc entre une poétesse et un héros troyen, sans doute deux avatars de son moi idéal. Elle insiste jusque dans ses dénégations, comme pour mettre la puce à l'oreille : il s'agit d'une piste qu'elle cacherait si maladroitement que cela reviendrait à indiquer la route à suivre. Comme on l'a vu, il y a finalement continuité, malgré tant de paragraphes discontinus et son déni de la liaison, dans l'héritage en matière de guerre, comme de création, que sa civilisation tient de la Grèce antique. Les hiatus d'un texte ouvert, à multiples entrées, qui anticipent les liaisons de l'hypertexte, sont autant de façons de mettre en évidence le fait que les anachronismes révèlent une filiation profonde entre passé lointain et présent, mais le refus de l'analyser bloque la narratrice dans un monde sans avenir. Elle en laisse la responsabilité aux lecteurs, extrêmement actifs, autant qu'on peut l'être à la lecture de la littérature hypertextuelle.

Métanarration : vers une nouvelle langue ?

La philosophie est incarnée dans un langage qui "nous est commun à tous", comme Grahame Lock l'analyse, à la suite de Wittgenstein. La philosophie est "éternelle", parce qu'elle "est toujours une lutte contre l'ensorcellement du langage" et qu'elle est "toujours obligée de se confronter aux confusions, pièges et duperies particuliers, et à caractéristiques de sa propre époque" [Lock, 1992, p. 125]. En disciple apparente de Wittgenstein, dont elle cite la célèbre proposition finale du *Tractatus* ("The world is everything that is the case.", p. 88 et p. 89), la narratrice se pose deux types de questions héritées du philosophe (dans ses *Recherches philosophiques* cette fois), en lien avec la précision du langage : celle de savoir si les roses restent rouges dans l'obscurité ("if my roses will still be red after it gets dark", p. 171), ou encore, si quelque chose "existerait" sur des pages écrites en caractères latins pour qui ne comprendrait que l'alphabet cyrillique ("If somebody were to look at these pages who could understand only Russian, I have no idea what would exist on these pages.", p. 173). On a eu l'occasion de constater que les réflexions de la narratrice sur le langage ne s'inscrivaient pas dans une démarche philosophique et qu'elle n'entrait que superficiellement en dialogue avec Wittgenstein [Palleau-Papin, 2007, pp. 175-76]. La philosophie du roman, si philosophie il y a, est ailleurs que dans l'imitation par mention des exemples célèbres de Wittgenstein et dans ce texte, les roses rouges deviennent simplement un objet sémiotique dont le rappel suffit à donner une illusion de pensée structurée : "In fact it has been raining since the morning on which I threw out my red roses, which I did not put in either" (p. 202). Les roses rouges de Wittengstein sont ici réintégrées à une diégèse minimale, celle qui consiste à fleurir son intérieur, puis à jeter les fleurs fanées ; elles perdent leur portée philosophique, trop diluée dans l'allusion pour faire sens. Elles tiennent lieu de prêt-à-penser, hors logique, plutôt en signe d'une inscription dans la philosophie d'une époque, celle du XXe siècle, que comme poursuite de la philosophie analytique de l'école de Cambridge (celle de Bertrand Russell et George Moore, puis de leur élève Ludwig Wittgenstein, dont les travaux firent date).

Si une pensée se dégage du roman, c'est dans ses termes propres, c'est-à-dire par l'écriture et par la mise en récit. La narratrice se dit la dernière lectrice, que ce soit des annuaires téléphoniques ou des pièces du théâtre grec ancien (p. 20), qu'elle lit avant de les brûler dans un autodafé pour elle seule (p. 28). Cette dernière lectrice se débarrasse, par son discours et par ses gestes, d'un "bagage" culturel et artistique ("Books being more of the baggage I got rid of, incidentally.", p. 20), qui n'est pas sans évoquer l'appel de Willa Cather à se débarrasser des meubles du XIXe siècle pour écrire un roman "démeublé" (expression de Cather, en français dans *Not Under Forty*, p. 43-51). Elle a plusieurs façons de démeubler son roman.

D'une part, elle appauvrit le lexique et le dédouble quand, à l'occasion, elle joue sur des homonymes pour pouvoir créer des ambiguïtés absurdes mais qui remettent en question la fiabilité de la langue, comme sur le mot "tape" (p. 72-73), qui signifie à la fois du ruban adhésif et des cassettes de musique ; et celui de "marina", qui fait référence au prénom de "Marina Tvetayeva" et à une marina en bord de mer : "Obviously, I was thinking about the other sort of marina" (p. 82). Comme à chaque emploi de l'adverbe "obviously", l'évidence est suspecte et tend à signaler qu'on ne peut guère faire confiance à l'usage commun, si le même mot désigne des choses si différentes.

D'autre part, elle lexicalise à sa manière des emprunts, comme la célèbre épithète homérique de l'aurore aux doigts de rose, acquis culturel qui devient un passage obligé, sorte de code personnel pour dire l'extase face au monde naturel : "having some rosy-fingered dawns" (p. 245). Ici, elle fait usage moins d'un langage privé que d'un langage érudit, destiné aux "happy few", comme dirait Stendhal.

En effet, cette dernière lectrice des ouvrages imprimés, volontiers iconoclaste, apprécie néanmoins ce qu'elle appelle la "calligraphie" de la nature, expression récurrente (pp. 43, 54, 86, 144, 257) dans laquelle elle trouve l'enthousiasme d'une dernière expression lyrique, qui se démarque de sa tonalité généralement mélancolique. Reprenons ici toutes ces récurrences de cette calligraphie de la nature, pour en examiner l'évolution au fil du roman.

> Here, when the snows come, the trees write a strange calligraphy against the whiteness. (p. 43)
>
> Winters, when the snow covers everything, leaving only that strange calligraphy of the spines of the trees, it is a little like closing one's eyes. (p. 54)
>
> Winters, when the snows come and the trees write their strange calligraphy against the whiteness, sometimes the only other demarcation is that of my path to the spring. (p. 86)
>
> Or, if there is snow, the flames will write a strange calligraphy against the whiteness. (p. 144)
>
> Still, on the morning after it [the first snow] fell, the trees were writing a strange calligraphy against the whiteness. (p. 257)

Ces phrases distillent des pluriels poétiques, presque en une exagération épique, "the snows" (à deux reprises) ou "winters" accordant à la neige ou à l'hiver une valeur plus archétypale et intemporelle que leur singulier, un peu comme la traduction anglaise du poème de François Villon par Dante Gabriel Rossetti, "where are the snows of yesteryear ?". Les sujets actifs du verbe écrire sont tour à tour les arbres ou les flammes. Il ne s'agit plus d'une main humaine d'écrivain, comme celle de la narratrice très distanciée qui, en fin de roman, écrit sur le sable de la plage à la troisième personne ("Or to write make-believe Greek writing in the sand with her stick.", p. 255), mais de l'écriture de la nature. Un génitif accorde à la structure des arbres une calligraphie, tandis que les troncs ont une colonne vertébrale ("that strange calligraphy of the spine of the trees"), non pas par anthropocentrisme de la forme humaine projetée sur l'arbre, mais par reconnaissance de l'organisation complexe et autonome de la nature végétale, le temps d'une brève expression, en un phrasé mémorable. Les propositions sont assez remarquables pour constituer une sorte de refrain poétique, à intervalles croissants pour éviter la lassitude (intervalles de 11, 32, 58, 113 pages, successivement). À la fin du roman, la dernière mention récapitule les précédentes en utilisant la forme en –ing, qui signale un territoire connu, une référence partagée. De "the trees write", formule écrite deux fois, on passe pour finir à "the trees were writing" en une écriture qui achemine vers l'anamnèse finale, ultime partage entre narratrice et lecteurs, plaisir de la reconnaissance, dans les dernières pages du roman qui récapitulent les leitmotivs de toutes sortes.

Non seulement la narratrice glorifie l'écriture de la nature, mais elle attire aussi l'attention sur le rapport tactile qu'elle entretient avec les touches de sa machine à écrire : "I am still feeling the typewriter, naturally. And hearing the keys" (p. 213). Dans cette conception, son écriture participerait d'un lien physique entre elle et le monde, par le toucher et par l'ouïe. Elle retranscrirait ainsi sa perception de l'immanence, en une conception cratylique du langage, dont les mots seraient une émanation directe des choses.

Paradoxalement, tandis qu'elle attire l'attention sur l'acte physique d'écrire à la machine et qu'elle semble prête à déchiffrer les signes calligraphiques de la nature, son discours devient de plus en plus réflexif et métatextuel. Elle livre ses pensées sur son art d'écrire, surtout dans la seconde moitié du roman. Les premières mentions des "connexions" (p. 109 et autres) portaient sur le processus de la remémoration et des associations d'idées, reflet de sa méthode de composition, mais sans lien direct avec l'écriture, qu'elle explore ensuite. Elle comprend l'écriture comme de la magie, qui ferait exister les choses écrites sur la page : "Although doubtless all I have in mind is that if so many things would appear to exist only in my head, once I do sit here they then turn out to exist on these pages as well. / Presumably they exist on these pages" (p. 173). Elle reprend le fil de cette réflexion trois pages plus loin, à partir de son obsession de l'équidistance : "Except that they are now undeniably equidistant from me as well, because of being on these pages as opposed to being only in my head" (p. 176). Cette phrase souligne que le seul tiers qu'elle puisse convoquer entre elle-même et ses pensées, c'est-à-dire ce qui, selon son expression, n'existe que "dans sa tête", est l'écriture. Dans sa solitude, elle en vient à la tentation d'un langage privé, où le tiers ne jouerait plus son rôle malgré les apparences, ce qui est le contraire de la philosophie de Wittgenstein. Mathieu Duplay a analysé la manière dont Markson "emprunte à Wittgenstein la forme aphoristique de ses ouvrages, mais non leur composante dialogique. Par ce biais, l'écriture réduit à son tour le discours du philosophe à une forme de "langage privé" et isole la part d'insensé qu'il contient" [DUPLAY, 2005, p. 139]. Non seulement la narratrice entre en faux dialogue avec Wittgenstein sur la réalité de tout texte si l'on n'en comprend pas l'alphabet, ou encore sur la réalité de la couleur de roses rouges dans le noir, comme on l'a vu, mais elle pousse plus loin l'analogie par des exemples qui ont l'air absurdes hors contexte, comme lorsqu'elle se pose la question de la beauté des mots, selon qu'on les lit ou qu'on les prononce à voix haute : "Galway Bay has a much lovelier sound when one says it out loud than when one merely looks at it on the page, by the way" (p. 194). Cette question la ramène aux fameuses roses rouges de Wittgenstein (proposition 514 des *Recherches philosophiques* : "Et lorsque je dis : "Dans l'obscurité aussi, la rose est rouge," tu vois littéralement ce rouge dans l'obscurité." [WITTGENSTEIN, 2005, p. 202]). Elle simule alors une hésitation, par l'onomatopée qui ouvre son paragraphe : "Hm. So what color were my red roses when I typed those words also, then?" (p. 194). Malgré leur simulation d'une pensée pourtant sans partage dialogique avec la philosophie analytique, ces évocations ne sont toutefois pas gratuites et en viennent à signaler un symptôme : celui d'une langue à soi, pour soi, qui ne serait pas partagée et qui s'écarterait de l'usage commun. Outre la tentation d'une langue cratylique, comme si les mots venaient de la nature, la narratrice explore par quelques phrasés alambiqués ce qu'on peut entendre comme un début de langue privée. Examinons ici quelques exemples de ces phrasés étranges, soit par leur logique maniaque, soit par leur révision d'expressions figées, de manière inhabituelle.

La narratrice épuise la logique jusqu'à la rendre inutile, comme une obsédée de l'autojustification, quand son raisonnement est exprimé de manière complexe, mais pour dire une évidence. Elle joue alors sur les mots, au point de donner le vertige. Elle semble se poser en disciple de Barthes dans sa lutte contre le fascisme de la langue, pour résister à ce que la langue commune nous oblige à dire : "car le fascisme, ce n'est pas d'empêcher de dire, c'est d'obliger à dire" [BARTHES, 1978, p. 14]. Dans sa leçon inaugurale au Collège de France, Barthes estime que l'analyse du "jeu des mots" constitue une manière de déjouer le "fascisme" de l'usage commun : “c’est à l’intérieur de la langue que la langue doit être combattue, dévoyée : non par le message dont elle est l’instrument, mais par le jeu des mots dont elle est le théâtre.” (*Idem.*, p. 16-17). Mais son théâtre à elle fait tourner les mots en rond dans une solitude beckettienne, comme dans les paragraphes suivants :

> Even for a minute I believed I had lost my stick while I was at it.
>
> When I looked back there it was, however, standing upright.
>
> Which is to say that the stick was already not lost even before I had begun to worry that it might be.
>
> So to speak. (p. 204)

La clef de ce passage est dans le retour à la ligne, avec son “pour ainsi dire” qui attire l’attention sur le problème du discours qu’on vient de lire. L’absurdité du passage vient de l’évidence logique que, si l’on trouve quelque chose qu’on imaginait avoir perdu, alors ce n’était pas perdu, et l’expression “the stick was already not lost” témoigne de cette absurdité. Les mots s’annulent, la négation étant contradictoire avec l’adverbe “already” et la valeur passée du participe passé. Pour dire la perte, on emploierait naturellement “already lost”, qui devient étrange avec l’ajout d’une négation, comme s’il existait un état de non-perte pour les choses, dans un univers maniaque, voire paranoïaque où tout est prévu, la perte comme son contraire, la non-perte. On pourrait à la rigueur entendre dans cette expression un écho moqueur d’un concept de Heidegger, le “Dasein”, rendu en français par “toujours-déjà-là” et en anglais par “always-already”, non sans humour potache qui dirait que si les choses sont “toujours-déjà-là”, sans origine traçable, elles sont aussi “already not lost”. On peut peut-être aussi entendre un jeu de mots dans la première phrase, si “stick” était prononcé à la manière yiddish, “shtick” (dérivé de l’allemand “Stück”) signifiant son petit morceau, son geste idiosyncratique, ou sa blague caractéristique, son truc à soi. Perdre son truc, associé au pronom “it” (“while I was at it”) dont on oublierait l’antécédent, prendrait alors une dimension grivoise : “at it” signifierait alors pendant l’acte (sexuel), tandis que dans le contexte, la narratrice fait référence au moment où elle se savonne, nue dans la nature, et où elle laisse l’orage la rincer (p. 204), ce qui contextualise déjà la grivoiserie possible, voire dans son cas, la masturbation. Le “stick”, truc si jeu de mots il y a, ou simple bâton, prend alors des allures résolument phalliques dans la phrase suivante, où il est décrit comme en érection ("standing upright"). La sortie de ce double sens un rien cocasse se fait par la pirouette logique de la non-perte (heideggerienne ?), plutôt que de dire simplement que le bâton n'a jamais été perdu, ou qu'il était momentanément égaré mais qu'il a été bientôt retrouvé, parce qu'on n'égare pas un objet phallique, quand on est nue sur une plage et qu'on profite de la nature. À défaut d'inconscient, ce personnage sans profondeur psychologique est doté d'une narration, c'est-à-dire d'un théâtre de mots et de syntaxe, mais aussi d'un théâtre d'allusions guignolesques, dont elle peut jouer (et jouir ?) à sa guise. Elle se dote ainsi d'un humour privé, sous l'excuse du "pour ainsi dire" ("so to speak"), qui serait une autorisation à dire n'importe quoi et à s'émerveiller de ses bons mots et de son raisonnement hyperlogique d'une manière ostentatoire, qui théâtralise son érotomanie : "there it was, standing upright". On retrouve à cette occasion l'humour grivois de Markson dans *Springer's Progress* (sans oublier qu'il écrivit, sous pseudonyme, pour des magazines érotiques dans sa jeunesse).

Vers la fin du roman, la narratrice reprend des expressions figées pour les transformer, comme si elle pouvait revoir l'usage commun et changer les mots de la tribu, du moins *a minima*. Elle commence modestement, par une locution adverbiale de son cru, "on third thought" (p. 217), qui reprend l'expression usuelle "on second thought". Cela lui va bien d'énoncer une idée, d'y revenir implicitement comme l'usage le fait couramment, mais surtout, de la revoir une troisième fois, ce qui ajoute à l'usage. Elle nous a habitués à sa manière de tourner et de retourner ses pensées en tous sens, de les examiner *ad absurdiam*, mais, par cette expression calquée sur un syntagme figé, elle fait entrer son propre usage dans la langue, elle fige sa pratique de ratiocination et la proclame commune. Si l'on utilisait l'expression "on second thought" après elle, on saurait désormais que le processus de révision n'est pas terminé, mais que la langue ainsi instituée prévoit un troisième contre-argument. Le nombre impair sort de la dialectique binaire et introduit la possibilité de poursuivre la réflexion. Elle oblige ainsi à dire, donc à penser comme elle, pour reprendre la définition que Barthes donne du fascisme de la langue usuelle, qui se rapproche discrètement d'une langue privée, ici. Son usage relève moins d'une élaboration littéraire qui permette d'innover malgré les contraintes de la langue usuelle, que d'une nouvelle formulation d'un syntagme, dans l'idée de changer la langue et ses expressions figées de manière pérenne, à soi seule.

Elle contribue aussi à modifier l'usage par un placement inhabituel des adverbes, par exemple lorsqu'elle parle de son chat. D'après son raisonnement, on appelle souvent un chat un chat, y compris quand on fait rétrospectivement référence au tout début de sa croissance, quand c'était encore un chaton. En maniaque d'une langue précise, elle décide alors de garder l'appellation de chat, mais de fléchir l'usage en ajoutant l'adverbe "almost" en fonction d'adjectif : l'expression générale "almost cat" s'institue à sa première mention, préparée par une glose : "After one has had a cat for a certain time one tends to refer to it as a cat even when speaking of the period in which it had not yet become a cat, however" (p. 231). La définition est alors donnée en avant de la phrase, comme une évidence, partagée en apposition par la forme en –ing après la virgule : "Almost cat, being what I had even begun to think of it as". Dès la page suivante, elle reprend l'expression comme de bien entendu, comme si c'était désormais une norme de la langue courante, dans la phrase suivante : "one of these people happened to ask me what my almost cat's name happened to be" (p. 232). La fausse légèreté du verbe "happened to", repris deux fois, masque mal l'autorité de cette forme imposée par l'adverbe "almost", placé de manière peu habituelle. Elle prétend suivre le hasard, alors que sa formulation laisse flotter un doute sur qui utilise l'expression "my almost cat" : soit elle-même, soit la personne rencontrée par hasard, citée au discours indirect. Sa précision maniaque lui fait changer la langue pour ajouter une chronologie et une conception que le langage commun estimerait inutiles, lourdes, ou stylistiquement disgracieuses. Contrairement à elle, on peut considérer, par exemple, qu'un chaton n'est pas un "presque chat", mais un chat à part entière malgré son jeune âge, ou que l'adverbe est mal choisi aussi parce que historiquement, la langue anglaise n'acceptait pas le préfixe en *a* posé en épithèse (on ne dit pas "an ajar door" en épithète, mais "the door is ajar" en attribut), et que le conservatisme de la langue, même lorsqu'elle évolue par convention générale au fil du temps, fait encore estimer grinçante aux oreilles communes cette formulation commençant par un *a*. Bref, pour toutes sortes de raisons, on peut refuser de lexicaliser dans le langage commun l'expression "my almost cat" de la narratrice, mais elle n'en a que faire, puisqu'elle s'estime seule au monde, autoritaire et dictatoriale, finalement. Sa manie d'ajouter des adverbes mal placés (et commençant par la lettre *a*) se retrouve aussi dans son expression "poor all the young men", où l'on n'a guère l'habitude d'allonger le syntagme nominal au-delà d'un adjectif; par conséquent, on s'attendrait plutôt à lire "poor young men" dans la litanie des "pauvres", sans l'ajout de "all the" (p. 260). Sa litanie devient ainsi une formulation obligée qui oblitère les conventions de la langue commune, comme une formule magique qui empêcherait la syntaxe attendue de l'expression courante "my poor Aunt Esther", pour proclamer, dans l'ordre inverse du syntagme usuel : "poor my Aunt Esther as well" (p. 260).

La narratrice poursuit ses modifications linguistiques par rapport à ses chats lorsqu'elle date des tranches de vie par la cohabitation avec un chat précis, mais nommé génériquement : "This having been a cat before that cat" (p. 246), affirme-t-elle, comme on dirait avant ou après Jésus-Christ pour dater l'histoire ancienne. Elle date la fin de l'histoire du monde par les durées de vie (brèves) de ses chats successifs mais anonymes, du temps où elle avait encore des chats. Une telle méthode de datation signifie que, sans chat, l'histoire s'arrête et qu'elle ne peut plus dater le temps qui passe. Cette expression est une modification mineure de l'usage linguistique, mais majeure de l'habitude culturelle, puisqu'elle efface la datation à partir de l'ère chrétienne et qu'elle impose une datation privée.

Un autre changement de locutions figées mêle deux expressions connues pour renforcer l'irréalité de la situation d'énonciation : "Or just look at how many people might have gone through life believing that castles in Damascus was just a phrase, for instance" (p. 253). Dans ce cas, elle fabrique une locution valise (on dirait "porte-manteau" en anglais), à partir de deux locutions figées, tirées de textes fondateurs de la culture occidentale (les Évangiles et le roman de Cervantes) : la conversion de saint Paul sur le chemin de Damas et les châteaux en Espagne de Don Quichotte. Elle rassemble ainsi deux formes de déviance, l'une par la conversion d'une religion ancestrale à une toute nouvelle, et l'autre par le délire d'un personnage littéraire entiché de chevalerie. Par sa condamnation implicite des masses qui seraient dans l'erreur et en prenant à témoin des collocuteurs implicites ("Look at how many people"), elle place les lecteurs dans une position de complicité : nous saurions, comme elle, qu'il y a des châteaux à Damas, des constructions de double déviance, formes d'utopie à la puissance deux, qui ne seraient pas "juste une expression", mais une réalité. Elle réalise ainsi, non sans humour, un renversement du délire. Ce serait pure folie de penser que l'expression "castles in Damascus" ne décrit pas une réalité avérée, bien repérée par l'usage commun établi, même si elle vient de l'inventer. En cela, elle serait une vraie Dulcinée, maîtresse de Don Quichotte plutôt que de Wittgenstein, jusque dans les délires les plus fous du personnage de Cervantes. Elle crée une langue privée dans cet exemple précis, qui définit une conception bien à elle du monde qu'elle habite et des textes fondateurs qu'elle évoque en télescopant de manière irrévérencieuse les Évangiles et un ouvrage de fiction.

Non seulement elle mêle ainsi Cervantes et l'Évangile de façon inattendue et qui lui est unique, mais encore, dans le paragraphe suivant, elle ouvre une réflexion métatextuelle quand elle pose la question de son entreprise d'écriture et qu'elle cherche une nouvelle définition pour son roman : "Still, what happened next was that I realized just as quickly that writing a novel would not be the answer anyhow", alors qu'un roman devrait contenir une multitude de personnages, qu'elle appelle sans distance critique des "gens" : "Or certainly not when your ordinary novel is basically expected to be about people too, obviously" (p. 253). Elle pose la question aux lecteurs, finalement : que cherchons-nous dans un roman ? Elle démarque son travail des romans habituels par l'emploi de l'adjectif "ordinaire" et par la deuxième personne, qui met à distance de sa première personne ("your ordinary novel"). Il y aurait une version privée du roman, novatrice, une définition de ce que nous venons de lire à nulle autre pareille, puisque la question est posée en fin d'ouvrage et que l'interrogation se poursuit vers un hors-texte.

Dans son étude de la littérature numérique, Serge Bouchardon remarque que "la notion de mémoire glisse d'un modèle de la mémoire stockée à celui d'une mémoire réinventée", ce qui contribue notamment à sa fonction heuristique [Bouchardon, 2012, p. 165]. Ce que le roman proto-hypertextuel de Markson propose, en guise d'ultime interrogation, c'est la possibilité même de réinventer une mémoire, suivant le paradigme d'un monde postapocalyptique qui permet de repenser le présent.

SYNTHÈSE ET PERSPECTIVES

CONVERGENCE ET POSTÉRITÉ : CAROLE MASO ET MAGGIE NELSON

Markson n'est pas un cas isolé dans son exploration des possibilités combinatoires d'une écriture fragmentaire. Si ce mode de composition dit quelque chose de l'époque dans laquelle il s'inscrit, notre contemporain est riche d'autres expériences littéraires avec un discours disjoint. Deux écrivaines en particulier ont apporté leur contribution remarquable à une semblable orchestration du silence, pour signifier sans tout dire, chacune à sa manière. Elles aussi organisent leurs paragraphes décousus, avec des blancs typographiques, pour faire résonner des silences rendus audibles, à la manière de John Cage en musique, quoique de façon plus systématique. Elles aussi incorporent des citations d'autres écrivains, artistes ou philosophes à leurs paragraphes ciselés avec précision, pour se rapprocher d'une limite à l'infini, celle de l'asymptote qui cherche à faire converger le moment de l'écriture et celui de la lecture.

On examinera ici les modes de composition et d'écriture de Carole Maso dans *AVA* (1993) et de Maggie Nelson dans *The Argonauts* (2015), dans une étude comparée avec celles de Markson dans *Wittgenstein's Mistress* et brièvement, dans sa tétralogie (*Reader's Block*, 1996 ; *Vanishing Point*, 2004 ; *The Last Novel*, 2007 ; et *This is not a Novel*, 2010), pour analyser leur manière d'écrire le silence et de quel silence il s'agit. Ce peut être l'indicible de la plénitude, dont les mots ne peuvent capturer la beauté ; ou le silence de l'innommable et de l'abomination, qu'on refuse de glorifier, mais qui revient, tel un trauma ; ou encore, leur silence peut signifier une défiance envers les théories ou les philosophies systématiques, auxquelles est préférée l'accumulation de propositions courtes. Leur mode de composition place leurs lecteurs dans le rôle actif d'orchestration des phrases, en une glorification du présent de la lecture.

Les deux femmes ne sont pas de la même génération que Markson. Il est né en 1927 (et mort en 2010), tandis que Carole Maso est née en 1955, et Maggie Nelson en 1973. De trois générations successives, séparées de vingt-huit et de vingt-deux ans respectivement, ils sont aussi séparés géographiquement : Carole Maso est originaire de la Côte Est, comme Markson, et Maggie Nelson de la Côte Ouest. Ils ne partagent pas la même orientation sexuelle, sujet d'écriture pour ces deux écrivaines, ils ont des styles et des sujets très différents, mais tous trois ont un goût commun pour une composition fragmentaire dans leurs ouvrages, de genres aussi variés que le roman ou "anti-roman" autoproclamé dans le cas de Markson (*This is Not a Novel*, 2010), l'essai, ou même le journal de grossesse (Carole Maso, *The Room Lit by Roses : A Journal of Pregnancy and Birth*, 2000), ainsi qu'un mélange d'essai philosophique et d'autobiographie pour Nelson (*The Argonauts*, 2015). En dépit de cette variété, l'examen de leurs points communs, dans une sélection de leurs ouvrages, devrait permettre d'analyser ce qu'ils disent d'une époque au cours des vingt-sept années qui séparent la publication de *Wittgenstein's Mistress* (1988) de *The Argonauts* de Maggie Nelson (2015). La notion de fond, au sens d'une métaphore compositionnelle issue des arts visuels, pourra servir de point de départ à une attention portée à ce qui entoure ou soutient les figures dessinées par les fragments sur les blancs typographiques ; l'analyse du blanc de la page relève d'une approche visuelle comme auditive, celle du silence, d'une écoute, laissant résonner la note d'une composition musicale. Quelle que soit la métaphorisation critique, cette figuration de l'absence demeure un premier point commun de leurs œuvres.

Il semble nécessaire d'élaborer des outils d'analyse critique adaptés aux textes pour déterminer ce que ces auteurs donnent aux lecteurs ou soustraient à leur texte, pour tenter de cerner le sens de leurs silences. Leurs ouvrages seraient composés comme des partitions, selon l'analyse que Mathieu Duplay fait de *Wittgenstein's Mistress* :

> Ce que propose *Wittgenstein's Mistress*, ce n'est pas l'accès privilégié à l'intériorité dont le discours serait l'expression, mais la formalisation écrite des relations que le texte entretient avec ce qui est à la fois son dehors et son avenir, à l'instar d'une page de musique tout entière tournée vers les exécutions qu'il est possible d'en proposer.
>
> [Duplay, 2004, "Équidistant…", p. 14, cité par Palleau-Papin, 2009, p. 183]

On peut se demander si le texte fragmentaire repose sur des présupposés implicitement partagés par les lecteurs, ou s'il conduit les lecteurs à élaborer ces présupposés de manière inattendue, dans leur orchestration des silences entre les phrases, mettant en avant les hiatus comme des entités à part entière et finalement plus importantes que les bribes narratives qu'ils encadrent. En d'autres termes, le fond de non-dit prend-il une prépondérance plus grande que les figures des énoncés, et dans quelle mesure un tel type de texte façonne-t-il ses lecteurs ?

Plutôt que d'une influence directe d'un auteur à l'autre, on peut parler d'une convergence de vues, ou d'un *Zeitgeist*, l'esprit d'une époque qui parlerait à travers elles et lui. Markson et Maso ont publié leurs premiers ouvrages fragmentaires dans la même période, à la fin des années 1980, tandis que Nelson a commencé à publier en 2001, une bonne dizaine d'années plus tard. Il y a une sorte de filiation dans l'esprit, si ce n'est dans la lettre. On remarque que Nelson a fait ses études à la Wesleyan University au début des années 1990, où elle suivit les cours d'Annie Dillard, dont l'ouvrage *Pilgrim at Tinker Creek* (1974) était précurseur d'un mode de composition fragmentaire, pour proposer une réflexion sur le sens de l'observation, par une écriture qui glorifie la vie, en ayant une conscience aiguë de sa finitude. Dillard décrit par exemple une chute de neige qui oblitère les repères du paysage, tout autant que son observatrice :

> Silence swelled and extended, distance dissolved, and soon only concentration at the largest shadows let me make out the movement of falling snow, and that too failed. The snow on the yard was blue as ink, faintly luminous; the sky violet. The bay window betrayed me, and started giving me back the room's lamps. It was like dying, that growing dimmer and deeper and then going out.
>
> [DILLARD, 1974, pp. 43-44]

Quand la vision de l'observatrice baisse, la perte de son appréhension de l'environnement semble lui faire perdre aussi sa raison d'écrire et la mener à une conscience immédiate de sa finitude, à une idée précise de la mort, comme si elle écrivait pour embrasser le monde dans sa fragilité, parce que le monde la reliait à la vie. D'une manière semblable, c'est une conscience de la vie et de ce qui la menace qui donne aux trois écrivains leur nécessité d'écrire, en dépit de leurs différences. Certains ouvrages se préoccupent davantage des obstacles et des pulsions de mort qui menacent la vie, d'autres de la beauté de la vie en dépit de ses dangers, la plupart des œuvres prenant en considération les deux côtés de la médaille de la vie et de la finitude dans leur approche disjointe et fragmentaire.

Pour tenter de cerner la manière dont tous trois orchestrent leurs fragments sur un fond de silence et pour analyser ce silence, on étudiera de près leur réponse à l'injonction de Wittgenstein dans sa dernière proposition du *Tractatus*, sur les limites du langage et de la philosophie : "7. Sur ce dont on ne peut parler, on doit se taire" (p. 228). On examinera ensuite la manière dont ils incorporent une pluralité de voix dans la singularité de leur narration, et ce que ces voix portent d'une transmission transgénérationnelle ; et enfin, nous chercherons à déterminer dans quelle mesure ils écrivent une littérature engagée, fondée sur une intimité partagée, comme un manifeste tourné vers son utilisation collective.

LE SILENCE DE WITTGENSTEIN

Markson et Nelson mentionnent tous deux le philosophe dans leurs ouvrages. Markson utilise aussi sa biographie. La narratrice de son roman se livre à une sorte de commentaire des actions de Wittgenstein à plusieurs reprises, lorsqu'elle imagine qu'il pensait en fait à une mouette qu'il avait apprivoisée, lorsqu'il avait l'air absorbé dans ses pensées : "This would be the seagull which had come to his window each morning to be fed, that I am speaking about. One time when he lived near Galway Bay, in Ireland" (p. 193). Elle mentionne d'autres données biographiques, dont sa fortune, qu'il distribua à des écrivains dans le besoin : "to help other writers who did not have any" (p. 194). Les allusions biographiques révèlent des décisions éthiques en action, alors que les évocations philosophiques sont discrètes, même si elles entrent dans la narration. Le questionnement que Wittgenstein fait du langage apparaît dans la question en apparence triviale que se pose la narratrice au sujet de la réalité des mots pour dire la couleur, comme on l'a vu, alors qu'il n'y a de rose rouge que dans le langage : "So what color were my red roses when I typed those words also, then?" (p. 194). Si c'est une question importante dans les travaux du philosophe, dans le contexte des pensées décousues de la narratrice et de sa dissociation de la réalité, cette question devient presque oiseuse et semble relever plutôt de la folie du personnage que d'une pensée profonde sur le langage et le monde. Les mentions récurrentes du philosophe construisent un réseau discret de références qui maintiennent sa pensée dans un statut anecdotique dans le roman, alors que c'est l'imitation de sa forme fragmentaire de raisonnement par propositions qui importe davantage, et qui fait l'objet de cette analyse comparée.

Maggie Nelson, quant à elle, est plus directe dans ses mentions du philosophe, dès le deuxième segment, à la première page de *The Argonauts*, montrant ainsi qu'elle est plus intéressée par le second Wittgenstein, auteur des *Recherches philosophiques*, que par le premier, dans sa période du *Tractatus* :

> Before we met, I had spent a lifetime devoted to Wittgenstein's idea that the inexpressible is contained – inexpressibly! – in the expressed. This idea gets less air time than his more reverential *Whereof one* cannot *speak thereof one must be silent,* but it is, I think, the deeper idea. Its paradox is, quite literally, *why I write*, or how I feel able to keep writing.
>
> [NELSON, 2015, p. 3]

Nelson se sert de cette idée comme d'un étendard, pour porter haut les couleurs du non-dit, lorsqu'elle nomme le philosophe en figure tutélaire de son ouvrage.

Contrairement à elle, Carole Maso ne mentionne jamais Wittgenstein directement, mais ses réflexions sur la langue ont un tour qui rappelle indirectement la pensée et la forme fragmentaire d'écriture du philosophe : "Home for me is in the syntax, in the syllables. In the syncopations and in the silences. […] Home is in Sappho's fragments, in imagining what was there before the papyrus tore." (*Break Every Rule*, p. 18). Dans la préface de *Aureole*, volume de poésie en prose et en vers libre, elle commente une phrase de *To the Lighthouse*, de Virginia Woolf, d'une manière proche de la lecture du second Wittgenstein que fait Nelson :

> Feel how wounded this line is, how it limps with grief, how it is barely intelligible by the usual standards – as if ordinary structures could not possibly hold this level of emotion, this weight. It remains broken, filled with confusion and yearning. I do believe there might be ways in language to express the extreme, the fleeing, the fugitive states that hover at the outermost boundaries of speech. [MASO, 1996, pp. IX-X]

Ici aussi, pour reprendre l'expression de Nelson citée plus haut à propos de Wittgenstein, on trouve la recherche de cet "inexprimable" que les trois auteurs cherchent à produire "dans l'exprimé".

Maso a écrit surtout des ouvrages de facture fragmentaire, à partir de ses œuvres de fiction, dont *The American Woman in the Chinese Hat* (publié in 1994, mais écrit plus tôt), et *AVA* (1993), mais aussi dans un essai, *Break Every Rule: Essays on Language, Longing, & Moments of Desire* (2000), dans une biographie de Frieda Kahlo, *Beauty is Convulsive: The Passion of Frieda Kahlo* (2002) et, enfin, dans un journal de grossesse déjà mentionné, *The Room Lit by Roses*: *A Journal of Pregnancy and Birth* (2000). Si la fragmentation est courante dans un journal intime, elle l'est moins dans une biographie. Son portrait de Frieda Kahlo est constitué d'un collage de vignettes, en prose et en vers libre, écriture post-cubiste d'une grande liberté et au pouvoir d'évocation fort, qui fait appel à l'imagination des lecteurs tout en faisant figurer de manière visible les blancs des béances que tout biographe connaît, parce qu'on ne peut jamais saisir une vie dans sa totalité.

Chez Markson, Maso et Nelson, l'emprunt à Wittgenstein dépasse le détail biographique trivial ou la convergence philosophique momentanée, et relève de l'écriture fragmentaire qui informe la pensée. Dans son introduction au *Tractatus*, Bertrand Russell explique la méthode de Wittgenstein, "de la dérivation des propositions généralisées à partir de conjonctions et de disjonctions", qui aboutit à "une étonnante simplification de la théorie de la déduction" (Introduction à l'édition de 1993, p. 21). Les propositions sont courtes et fragmentaires parce que le monde ne peut plus être appréhendé comme une totalité, selon le résumé que Russell donne de la thèse centrale de Wittgenstein : "à savoir qu'il est impossible de dire quoi que ce soit concernant le monde comme totalité, et que tout ce qui peut être dit doit se rapporter à des portions bornées du monde." (*Ibid.*, p. 23). Les narratrices, anonyme dans *Wittgenstein's Mistress* (ou bien serait-elle une Helen, on l'a vu, comme elle aime le laisser croire, p. 140 ?), Ava Klein dans *AVA*, et l'auteur de l'autobiographie dans *The Argonauts*, écrivent toutes trois d'une manière fragmentaire, qui met en relief "la part de silence d'une pensée qui procède sans progression argumentative manifeste", selon l'analyse que fait Françoise Susini-Anastopoulos de la forme fragmentaire en général [Susini-Anastopoulos, 1997, p. 4]. Ce qu'elles passent sous silence, mais qu'elles signifient sans relâche entre les fragments, sont les obstacles de leur temps : tous les rejets meurtriers, dont l'antisémitisme et la Shoah, pour Markson qui écrit dans les années 1970 et suivantes, l'épidémie de SIDA/HIV pour Maso dans les années 1980 et au début des années 1990, et les zones grises du pouvoir et de l'identité sexuelle pour Nelson dans les deux premières décennies du XXIe siècle. Tous examinent les failles ou les crimes de leur temps, en suggérant les conséquences des problèmes et en posant la réflexion dans les blancs qui entourent les fragments. Sur son lit d'hôpital, Ava Klein évoque un hymne à la vie dans *AVA*, en parlant d'un ami mort du SIDA ; dans *Wittgenstein's Mistress*, la narratrice parle des cendres qui viennent, selon elle, des feux de la guerre de Troie, comme on l'a vu, à moins que ce soit d'une guerre plus proche d'elle, qu'elle ne parvient pas à nommer ; dans sa tétralogie, le narrateur marksonien dresse ensuite la liste des figures célèbres qui furent des antisémites et qui, implicitement ou explicitement, préparèrent (ou ne déplorèrent pas, ensuite) l'extermination des Juifs d'Europe ("Chekhov was an anti-Semite." *Reader's Block*, p. 114) ; et Nelson sonde les préjugés d'une époque qui proclame sa liberté et sa fluidité sexuelle, mais qui maintient en grande partie les cadres genrés et les structures de pouvoir hétéronormatives en place. Les blancs laissés entre les énoncés lapidaires permettent à ces auteurs d'éviter l'expression directe de la colère, parce que les fragments résonnent plus clairement dans le silence. C'est au lecteur qu'il revient de juger. Ainsi, ils entretiennent avec leur époque un débat dialectique d'une forme particulière, qui exprime leur subjectivité mais sans développement psychologique, autre caractéristique de la philosophie de Wittgenstein.

Celui-ci est connu pour avoir revu les limites de la conscience intérieure et de la loi morale extérieure, domaines traditionnellement considérés comme séparés et dont il bouscule la dichotomie. Dans son commentaire de sa philosophie, Sandra Laugier estime que "la subjectivité, chez Wittgenstein, existe exactement comme une voix – identiquement intérieure (je la dis) et extérieure (je l'entends)" [LAUGIER, 2004, p. 117]. Elle poursuit l'analyse de sa singularité : "Il ne s'agit pas d'une voix 'personnelle' car dans toute voix, il y a prétention à parler au nom des autres : le philosophe parle avec les mots ordinaires, dont rien ne dit qu'ils seront acceptés des autres hommes, alors qu'il prétend parler pour tous" (*Idem.*). Selon elle, la "question de la subjectivité s'avère, bien au-delà du misérable petit secret personnel et des questions psychologiques, celle du poids de l'expression, expression singulière et naturelle du langage commun" (*Ibid.*, p. 119).

L'une des raisons pour lesquelles le roman *AVA* de Carole Maso est d'une lecture fascinante vient sans doute de la capacité de la narratrice intradiégétique à donner voix à plusieurs personnages, nommés ou anonymes, sans distinction claire entre une conscience intérieure ou extérieure. Toutes se subsument en une seule question, celle de l'expression, y compris lorsqu'il s'agit de sujets à contenu émotionnel et personnel. Tandis que le personnage principal se meurt d'une leucémie, sur son lit d'hôpital, deux pages évoquent un don du sang, d'une manière qui attire l'attention sur le langage plutôt que sur l'émotion que celui-ci véhicule, parvenant à éviter l'hystérie. La première mention du sujet intervient par l'expression donnée en français dans le texte en anglais : "Don du sang" [MASO, 1993, p. 90]. Dans son contexte, Ava Klein se remémore ses séjours en France et en Italie, mais l'expression française qui n'est pas traduite contribue à une impression de distance et d'étrangeté, et rend compte d'une autre façon de dire la collecte du sang que dans les pays anglophones. Sans italiques qui attireraient l'attention sur l'emprunt linguistique, l'expression française s'insère dans le roman fragmentaire en anglais. Le fragment suivant est une remarque sur Pablo Neruda, qui attire l'attention sur le langage et ses formes, mais sans recours à une langue étrangère : "Neruda believed poetic form to be as dynamic as the processes of transformation and discovery. Form and content constantly shape each other like the elements of the ecosystem and this allows truth, infinite possibilities for expression" (*Ibid*). Ce commentaire sur Neruda rejaillit sur le roman, transformant le discours critique en une affirmation métacritique sur la manière dont un roman peut prétendre à "la vérité, des possibilités infinies d'expression", les deux parties de l'objet étant mises sur un pied d'égalité par la virgule, comme si la vérité résidait justement dans la multitude d'expression qu'elle pouvait prendre. Cette affirmation est digne de Wittgenstein, selon qui le langage est tout ce qu'il existe de subjectivité et que tout peut s'exprimer sans hiatus entre la conscience intérieure et extérieure, parce que l'expression s'appuie sur un langage commun, aux possibilités infinies. Après le segment sur Neruda, une phrase énonce une mauvaise nouvelle pour la narratrice, dont un proche est malade ou décédé : "You were one of the people I could least afford to lose" (*Ibid.*). Le fragment suivant revient au don du sang, mentionnant une "bannière" au présent, dans un champ lexical guerrier : "And the banner in the trees reads 'Don du Sang'" (*Ibid.*). La séquence complète des fragments semble liée, à partir de la mauvaise nouvelle, et pourrait se lire comme une suite de vers libres séparés chacun par un blanc typographique, et dont seuls les deux derniers sont reliés par un enjambement :

> You were one of the people I could least afford to lose.
>
> And the banner in the trees reads 'Don du Sang.'
>
> Passing alphabet of the morning.
>
> Letters in the square.
>
> Solitary, beautiful, melancholy pursuit,
>
> To form these words
>
> The news comes in the middle of the night, a shock, though not unexpected. (*Ibid.*)

Les fragments décousus dans leur mise en page et leur syntaxe sont reliés thématiquement et racontent une histoire par bribes : le moment où la narratrice, en France pendant une campagne de don du sang, apprend la nouvelle de la maladie d'un proche à New York, au milieu de la nuit (à l'époque d'avant les courriels ou les messages écrits sur téléphone portable). Le présent mêle deux temporalités, celui du moment de la nouvelle et celui de la narration par une narratrice mourante, sur son lit d'hôpital. Il y a une intersubjectivité entre les moments ainsi mêlés et entre les maladies des personnages évoqués. L'absence de ponctuation après "To form these words" laisse l'énoncé en référence double, applicable à la bannière dans les arbres et aux mots sur la page, à la diégèse et à son écriture, dans les limbes entre le passé d'un souvenir et le présent de l'énonciation et, finalement, entre l'écriture et la lecture. Pour finir, rassemblant les fils de ces moments et de ces lieux, après plusieurs phrases sans rapport direct avec le moment décrit ici, une phrase apporte un commentaire métadiscursif, ou même métapoétique, des précédentes : "We were working on an erotic song cycle there. It was called *Don du Sang*" (p. 91). Ce cycle de cantiques érotiques fait écho à de nombreuses autres mentions dans le roman, dont seul le titre change à chaque mention. Ici, l'expression française est donnée en italiques et avec des lettres capitales, comme il est d'usage dans les titres en anglais, pour accentuer sa qualité de bannière plutôt que pour en accentuer l'étrangeté linguistique. La mauvaise nouvelle a été sublimée en art, elle s'inscrit désormais dans un cycle d'une amplitude plus grande, à partager, en vue d'être chantée. L'expression lyrique de Maso, quoique riche en émotion, n'est pas personnalisée. C'est une voix écrite comme une partition, en vue de ses interprétations libres et à venir, par quiconque souhaite s'unir à elle.

L'INTERSUBJECTIVITÉ D'UNE VOIX PLURIELLE

Chez Markson, Maso et Nelson, l'expression de la subjectivité, qu'elle soit celle d'émotions ou d'idées, est fondée sur un usage partagé et implique d'autres protagonistes que la seule énonciatrice, y compris lorsque la voix narrative se dit seule au monde, comme la narratrice de *Wittgenstein's Mistress*. Elle convoque plusieurs écoles de pensée, souvent sur une même page, invitant les lecteurs à réfléchir à une synthèse éventuelle, à partir de ses allusions. Si, comme Mathieu Duplay le signale, il s'agit d'un faux dialogisme en ce qui concerne la protagoniste, l'intertexte suscite néanmoins des cheminements de pensée que les lecteurs peuvent poursuivre, comme on l'a étudié. Elle explique par exemple qu'elle démonte une maison sur la plage ("dismantling", p. 87), dont elle prélève des planches comme combustible, et elle recourt au mot "bricolage", en français dans le texte, à deux reprises sur la même page, en insistant sur sa répétition du mot : "I must have said the word *bricolage* to myself a hundred times" (p. 88). Elle signale de manière appuyée, bien que sans éclairer sa source, être passée à une autre manie citationnelle en boucle : "Eventually I stopped saying it. So today what I have been saying is that the world is everything that is the case, instead" (p. 88). Elle juxtapose ici par allusion la théorie de la déconstruction de Derrida, d'où est directement issu le mot "dismantling" qu'elle entend littéralement comme le glanage de planches dans les maisons abandonnées, aux travaux de Claude Lévi-Strauss et à son concept de bricolage dans *La Pensée sauvage* (1962) ; or, dans le chapitre X de *L'Écriture et la différence* (Le Seuil, 1967), Derrida critique l'opposition binaire que faisait l'anthropologue français entre le bricoleur et l'ingénieur, mais cette dialectique est la nôtre si nous souhaitons l'établir, et non celle de la narratrice ; enfin, elle rapproche ces deux courants de pensée de la philosophie de Wittgenstein par sa célèbre proposition, la première du *Tractatus :* "Le monde est tout ce qui est le cas" [WITTGENSTEIN, 2021, p. 92]. Ces trois allusions rapprochées forment un condensé de pensées majeures du XXe siècle, sans développement ni argumentation. Les trois mentions convergent seulement dans leur remise en cause d'une pensée systématique (à la manière de Kant ou de Hegel), à laquelle est préférée une pensée par propositions, par déconstruction ou "bricolage", entièrement tournée vers les lecteurs quant à sa prise en charge. En cela, le roman donne "l'assurance pour le lecteur de trouver dans l'œuvre en fragments un certain éclectisme, capable de le préserver des agressions de l'enveloppement rhétorique et dogmatique, et de le prémunir contre les pressions de la pensée prédicative." [Susini-Anastopoulos, 1997, p. 123]. La narratrice est littéralement une bricoleuse quand elle compose un discours à partir des théories dont elle a au moins entendu les mots clefs, pour produire un dialogue disjoint de son cru avec des penseurs sans répondant, par l'intermédiaire de la lecture. Ces bribes invitent les lecteurs à quitter une pensée structurée ou même structuraliste, dans un passage de relais immédiat de la dialectique ainsi à peine ébauchée.

Le dialogue que Nelson ouvre avec des philosophes, psychanalystes, écrivains et intellectuels est moins allusif; elle accorde en marge une référence aux noms des penseurs évoqués. Dans *The Argonauts*, quand elle analyse le sujet du radicalisme, elle fait appel aux travaux de Leo Bersani et de Pema Chödrön dans deux pages consécutives. Bersani, d'abord: "If there's one thing homonormativity reveals, it's the troubling fact that *you can be victimized and in no way be radical; it happens very often among homosexuals as with every other oppressed minority*" (p. 26). Puis Chödrön: "Perhaps it's the word radical that needs rethinking. [...] You're *the only one who knows when you're using things to protect yourself and keep your ego together and when you're opening and letting things fall apart, letting the world come as it is — working with it rather than struggling against it.* [...] And the thing is, even you don't always know" (p. 27). Les italiques précisent ce qui est emprunté au penseur queer et à la religieuse bouddhiste, tandis que le commentaire de Nelson reste en caractères droits. Nelson ajoute à la pensée de la religieuse ses doutes quant à la connaissance de soi qu'on peut espérer atteindre, en un dialogue avec Chödrön, et dans une invitation aux lecteurs à tirer leurs propres conclusions des segments qu'elle juxtapose ainsi. Le doute sur l'injonction socratique, "connais-toi toi-même", se prolonge mimétiquement par l'usage de fragments dénués d'argumentation rhétorique suivie. Peut-on vraiment se connaître et peut-on prétendre à une connaissance philosophique entière, ou bien faut-il modestement se contenter de bribes dans les deux cas et poursuivre la réflexion, ou mener d'autres à la poursuivre? Ce transfert des déductions s'accompagne chez les trois auteurs de formulations impersonnelles qui ouvrent vers une interaction plutôt qu'elles ne suggèrent une distanciation, et, souvent, non sans la complicité de l'humour.

Chez Markson, les tournures impersonnelles invitent à la déduction, avant le changement de paragraphe qui propose une explication possible à sa propre question :

> Incidentally, there is an explanation for my generally speaking of Kierkegaard as Kierkegaard, but of Martin Heidegger as Martin Heidegger.
>
> The explanation being that Kierkegaard's first name was Søren, and in typing that I would repeatedly have to go back to put in the stroke.
>
> (p. 107, et je corrige l'*erratum* sur le prénom Søren dans cette édition)

Il y a de l'ironie entre l'énigme qui semble profonde et sa solution, finalement triviale. Si l'on cherchait une solution philosophique, si l'on se posait la question d'une intimité éventuelle entre la narratrice et Heidegger dont elle mentionne le prénom, on se fourvoierait. Pourtant, la solution anecdotique d'une graphie inhabituelle, nécessitant le o barré (ou "bogstav") sur un clavier américain, est-elle vraiment triviale, dans son insistance sur l'acte d'écrire ?

D'autres formulations impersonnelles captent l'attention à la lecture et instaurent un jeu logique sur le langage entre narratrice et lecteur, source de complicité. Ainsi, comme on l'a vu précédemment, une phrase fait usage de "one" en tant qu'article pour parler d'un livre parmi d'autres : "One other is actually called *The Eiffel Tower*, of all nonsense subjects". La phrase suivante utilise la forme impersonnelle "there is", au sujet de pièces de théâtre, dans la pile de livres : "There is naturally nothing in any of the plays about anybody menstruating, indicidentally". Et la phrase suivante reprend "one", en tant que pronom, cette fois : "Although when one comes right down to it, one can often make an educated guess about that sort of thing despite the silence" (p. 108). Ces phrases consécutives utilisent le mode impersonnel et différentes fonctions grammaticales du même mot dans un usage restreint du lexique qui maximise la syntaxe et qui oblige le lecteur à ralentir sa lecture pour ne pas se perdre dans les fonctions du langage, quand bien même le propos semblerait léger. Les phrases de tournure impersonnelle restent factuelles et ne sont guère chargées d'affect par leur locutrice, mais très marquées par l'attention qu'elle oblige à porter à leur formulation. Sans assignation de la voix, on peut reprendre la remarque de Nelson qui analyse les tournures passives comme un défaut d'agent, donc de responsabilité (dans *The Red Parts*, p. 113). Retrouver l'agent responsable devient chez Markson un jeu entre la narratrice et le lecteur qui apprécie l'élaboration syntaxique et choisit de deviner, dans ce jeu de cache-cache, pourquoi la narratrice insiste tant sur le surgissement étrange de liens possibles entre des propositions : "A certain number of such connections do appear to keep on coming up, however" (p. 109). Dans cette phrase animiste, le mot "connections" est un agent actif du verbe marqué par l'insistance "do appear", de même que la locution verbale "keep on" signale une intention avec persistance et semble contredire la prétendue distanciation que la narratrice proclamait dans la phrase précédente, comme par déni : "I have no wish to imply anything in regard to this coincidence, either" (p. 109). Par une ironie narrative, la première personne se dégage de la responsabilité de l'agentivité, qu'elle laisse à des forces anonymes puissantes ; ce qui constitue sans doute un indice supplémentaire de la folie du personnage. Elle habite un monde surdéterminé, régi par la pensée magique, où elle est la proie de forces inconnues. La complicité que de tels passages instaurent passe donc au-dessus de sa tête et l'agentivité des connexions se situe dans l'espace mental entre la page écrite et la page lue, à la réception de l'œuvre.

Dans son récit *The Red Parts*, que Nelson consacre à la réouverture d'un procès pour meurtre dont sa tante fut victime, elle critique l'usage, abusif selon elle, que le système judiciaire fait de la voix passive :

> Perhaps because I have spent hours sermonizing to students about the sins of the passive voice — how it can obfuscate meaning, deaden vitality, and abandon the task of assigning agency or responsibility — I find the grammar of justice maddening. It's always 'rendered', 'served', or 'done'. [Nelson, 2007, p. 113]

En dépit de ses réserves dans le contexte de la justice, Nelson elle-même utilise des formes impersonnelles, quand elle analyse sa grossesse : "Is there something inherently queer about pregnancy itself, insofar as it profoundly alters one's 'normal' state, and occasions a radical intimacy with — and radical alienation from — one's body?" (*The Argonauts*, p. 13). La question "is there" et le pronom "one" signalent qu'elle généralise son expérience individuelle à une réflexion dépersonnalisée concernant toutes les femmes. Son rapprochement conceptuel entre la grossesse et l'expérience *queer* inclut la gestation dans une analyse plus large encore de l'altérité à soi-même, ou à des définitions préétablies de l'identité, qui élargit l'expérience féminine aux transgenres et aux hommes.

Quant à Markson et Maso, eux aussi parviennent à dépasser l'anonymat des formulations impersonnelles pour en faire des absolus, en une glorification du général, sans perdre la vitalité d'une incarnation. Dans une phrase nominale, Ava Klein énonce simplement : "A cat named Eros." [MASO, 1993, p. 60], faisant peut-être écho à la formulation biblique dans le livre de la Genèse. Dire à la forme active qu'elle avait appelé son chat Éros ne serait pas la même chose. Son énoncé a la force d'une genèse, iconique comme le titre de la pièce *A Streetcar Named Desire*, le pouvoir du désir chez Tennessee Williams s'inscrivant ici sous l'égide du dieu grec de l'amour charnel, qui transforme le chat du récit en emblème de tous les chats et de tout désir, comme un absolu de la sensualité.

Finalement, la formulation impersonnelle peut aussi être inclusive, signalant par exemple que n'importe qui peut tomber malade sans maîtrise de sa maladie, comme dans *AVA* où les symptômes du SIDA sont mentionnés à la voix passive : "The man in the café moves his hand and three purple blotches are revealed. The once rare Kaposi's sarcoma. The once nearly unheard of, never seen" (p. 34). Trois verbes sont mis à la voix passive pour dire le symptôme rare qui apparaît quand le système immunitaire est attaqué par le virus. Patiemment, par des fragments qui glorifient le désir et la vie, mais qui expriment aussi la souffrance d'une génération, la narratrice de *AVA* fait retentir une voix collective, qui incorpore des phrases d'autres sources, dont des chansons populaires, comme pour signifier que les problèmes les plus intimes, les émotions et les sensations olfactives qu'on croit privées, sont en fait partagées largement dans des refrains aussi connus que le refrain de "Scarborough Fair" (1966), interprété par Simon et Garfunkel. Le fragment "I remember the smell of rosemary and thyme in a young man's hair." (*AVA*, p. 13) fait écho au titre "Parsley, Sage, Rosemary and Thyme" du duo emblématique des années 60. Ses sonorités délicates de ballade traditionnelle sont devenues l'hymne d'une époque qui désirait ardemment la paix et la justice, au moment de la guerre du Vietnam et de la lutte pour les droits civiques. Lorsque Ava Klein évoque cette chanson dans le contexte de la crise du SIDA, elle donne un sentiment de continuité dans le désir de paix et d'espoir de deux générations consécutives, celles des années 60 et 90. Son expression n'est plus tant impersonnelle que transpersonnelle.

Chacun à sa manière, les trois écrivains semblent attachés à la forme fragmentaire pour son ouverture, qui évite l'enfermement dans un système ou dans une opinion uniforme, précisément parce qu'elle permet l'inclusion d'autres voix. Cette inclusion n'a rien à voir avec le faux dialogisme qu'on entend régulièrement à la radio, quand une brève question purement rhétorique vient faussement dynamiser la présentation d'un journaliste sur un sujet d'information, sans que rien bouscule le rapport écrit en continu et seulement lu à l'antenne. Entre parler seul mais pour tous, dans l'espoir d'une inclusion, et ne parler qu'en son nom et à soi seul, par crainte d'uniformité, la nuance n'est pas simple à définir. Un de leurs objectifs semble être de dénoncer les dangers de positions unilatérales, qui favorisent la constitution de boucs émissaires pour souder le groupe ; ils dénoncent l'antisémitisme et l'homophobie, chacun à sa manière. La tétralogie de Markson se préoccupe de l'héritage laissé par les penseurs et créateurs, et de leurs limites. Markson et Maso mentionnent explicitement les camps de concentration nazis, respectivement dans *Reader's Block* (p. 58) et dans *AVA* (p. 35, et al.), tandis que, par allusion, les cendres dont parle la narratrice de *Wittgenstein's Mistress* les évoquent sans les nommer (v. Brûler ce qu'il reste de culture). Maso ajoute la mention du triangle rose que les prisonniers homosexuels étaient contraints de porter en déportation, et pousse plus loin que Markson le démantèlement de l'organisation narrative. Markson scinde les paragraphes en phrases séparées, tandis que Maso tronque ses phrases, qu'elle laisse inachevées, parfois réduites à des propositions nominales, qui incorporent le blanc typographique dans l'anacoluthe. La citation suivante reproduit sa mise en page avec le retour à la ligne après une phrase interrompue :

> My uncle wore a pink triangle through the gray of
> Treblinka—a rather musical word.
> (*AVA*, p. 35)

Le manque invite à deviner ce qui pourrait venir compléter la phrase. La suite de l'expression "le gris de" n'est pas donnée, mais plus déconcertante encore, la préposition "through" semble indiquer une transparence ou une percée, mais à travers quoi ? Le triangle rose se distinguerait-il, littéralement ou figurativement, à travers une barbe, les larmes, la buée de l'haleine ou du brouillard, le désespoir ? Le texte ne clarifie pas, et le segment suivant semble relever de la provocation, en attirant l'attention sur les sonorités du nom "Treblinka" plutôt que sur ce qui s'est passé dans ce camp. Le jeu de mots possible avec les notes aiguës, "treble" en anglais, produit un effet de distance là où l'on attendait du pathos. C'est en tant que nom commun que ce mot attire l'attention, plutôt qu'en tant que nom propre, ce qui le décontextualise de sa réalité historique et vient suggérer une distanciation artistique, par l'évocation de ses sonorités, dites "assez musicales", ce qui ne manque pas d'ironie.

AVA présente ainsi une distance remarquable avec le meurtre et la mort, sans les nier pour autant, et une glorification de la vie malgré tout ce qui la menace. Le personnage d'Ava Klein partage ses souvenirs, personnels et familiaux, comme si les lecteurs faisaient partie de son cercle d'intimes, prêts à accueillir son histoire. Son engagement à rendre hommage à la vie doit surmonter le non-dit ou l'euphémisme de la douleur lorsqu'elle ironise sur la musicalité du mot Treblinka, dans un pacte de lecture qui autorise les béances narratives et syntaxiques. Sur son lit de mort, la narratrice convoque les lecteurs parmi ses amis et les invite à reprendre avec soin, dans le sens anglais de "care", avec un engagement affectif, les fils interrompus de son récit, et à comprendre ce qu'elle ne peut décrire.

Les trois écrivains s'engagent finalement par leur art, qui partage la liberté d'une recherche formelle et transfère une partie non négligeable de l'agencement créatif du côté de la réception, plus encore que dans le cas d'un récit suivi. Leur réflexion apparaît dans des passages métanarratifs comme celui-ci, dans *AVA :* "Words are less integers than points in a continuum. Indeed one might well describe the structure of the lyric as the expression of the interval" (*AVA*, p. 40) Dans le contexte de ce roman, cela constitue une réflexion sur un des leitmotivs qui répète inlassablement le schéma suivant : "We were working on an erotic song cycle. It was called :" (p. 117). Ce passage laisse un blanc après les deux points, invitant ouvertement les lecteurs à compléter la phrase. Ailleurs, comme dans le passage déjà cité sur le don du sang, la narratrice fournit l'objet direct dans la seconde partie du paragraphe : "We were working on an erotic song cycle there. It was called *Don du Sang*" (p. 91). Dans cet exemple, la seule modification, outre l'objet direct qui change à chaque fois, est l'ajout de l'adverbe "there" qui situe la campagne de don en France, où Maso passa une année (à Vence). Le commentaire métanarratif met en relief l'importance de l'intervalle entre les occurrences. Il surgit comme un rappel de l'objectif général de l'ouvrage, qui est d'écrire un hymne à la jouissance, à la fois érotique et artistique, sur la durée, comme l'indiquent les trois mots de l'expression "erotic song cycle". Ce rappel est d'autant plus nécessaire que la narratrice gît sur son lit d'hôpital, au dernier jour de sa vie. Ce procédé d'inscrire la vie dans la durée (par la forme du cycle chanté), au moment même de la mort, suggère l'infini de l'instant présent. Ainsi, les fragments du texte mettent en relief les silences qui les séparent et invitent à la reconnaissance des récurrences, à leur arrangement en une composition dans un parcours de lecture autonome mais guidé, pour des lecteurs qui retiennent plus ou moins certains fragments, selon des préférences personnelles, et qui participent ainsi à cette construction de l'infini de l'instant présent, dans ses ramifications multiples.

Nelson a aussi une haute conscience de la forme qu'elle choisit pour mener les lecteurs à une lecture créative, réflexive dans le sens d'une pensée qui fait retour, d'une élaboration qui génère d'autres idées. Elle mentionne en marge les noms "Deleuze / Parnet", qu'elle oppose à celui de Sedgwick dans le corps du texte, et qu'elle appelle "une spécialiste du pluriel" ("a famous pluralizer", p. 102). Elle laisse les lecteurs qui ne connaîtraient pas Sedgwick se renseigner sur la toile, parce que Nelson écrit résolument à l'ère de l'hypertexte, même dans un livre imprimé. Eve Kosofsky Sedgwick est l'auteur de *Fat Art, Thin Art* (Duke University Press, 1994), un recueil de poésie narrative queer. Son écriture poétique très en verve coule comme un flux d'inspiration rapide, vive, abondante, dont la belle expression de "Supply that kept her synapses synapping" (p. 7) donne une image de la richesse linguistique, ici par sa création d'un néologisme allitératif et amusant (mot-valise de "synapsis" et "snapping"). En réponse à cette forme d'écriture suivie qu'elle apprécie, Nelson se définit quant à elle comme "a serial minimalist — an employee, however productive, of the condenser." Elle précise son objectif: "Rather than a philosopher or a pluralizer, I may be more of an empiricist, insofar as my *aim is not to rediscover the eternal or the universal, but to find the conditions under which something new is produced* (creativeness)" (*The Argonauts*, p. 102). La forme définit les conditions de cette nouvelle créativité, en dialogue avec d'autres artistes, poètes et lecteurs.

Dans une recension des ouvrages de Nelson classés dans la catégorie de l'"autothéorie", ce mélange d'autobiographie et de théorie critique (*The Argonauts*, 4e de couverture), Charlotte Shane souligne la capacité qu'a l'écrivain de faire entrer en dialogue des idées parfois opposées : "[i]n *Bluets* and *The Argonauts*, Nelson could fractalize ideas and desires in a literal dialog, an exchange between two people — herself and her lover(s) — with differing perspectives and priorities [...]" (article en ligne). Shane trouve la forme fragmentaire moins adaptée à l'écriture critique, et émet des réserves au sujet de l'ouvrage théorique de Nelson (*On Freedom*, 2021). Dans son écriture à la fois théorique et autobiographique, Nelson favorise la forme fragmentaire ouverte au dialogisme, moins explicative que le mode discursif de l'essai traditionnel. Dans son mode spéculatif comme dans sa vie, elle affirme préférer le processus déployé dans la durée, plutôt que l'action ponctuelle : "Michel Foucault's distinction between liberation (conceived of as a momentary act) and practices of freedom (conceived of as ongoing) has been key for me" (*On Freedom*, p. 6). Elle met l'accent sur une pratique, plus que sur un résultat à un instant donné. Son processus de création cherche librement sa forme, comme une vision inconsciente à l'affût d'un mode d'expression. De même qu'on ne peut vraiment cerner l'intention d'une œuvre d'art ni la réduire à sa glose, les ouvrages de Markson, Maso et Nelson ne peuvent se réduire à une mécanique d'assemblage des fragments semblables, ni à la reconstruction d'une dialectique comme d'un puzzle, à partir de morceaux épars qu'on attendrait former un ensemble fini, une totalité. L'œuvre ouverte se compose différemment à chaque lecture, combinatoire et multiple.

Malgré leur recherche commune d'une forme ouverte, avec sa part de mystère dans l'agencement des fragments, les trois écrivains n'abordent pas les mêmes sujets. Dans sa tétralogie, Markson dresse des listes d'écrivains, d'artistes, de musiciens ou de penseurs qui ont commis des erreurs de jugement, dans un examen implicite de leur éthique, indépendamment de leur réussite dans leur domaine. Chacune à sa manière, Maso et Nelson s'intéressent à la liberté de créer, de s'épanouir et de favoriser l'épanouissement d'autrui autour de soi. Elles ont en commun un désir de regarder le monde dans son entier, sans sourciller devant ses dangers ni ses crimes, mais sans omettre ses beautés de leur constat. Le constat de Markson est empreint d'une certaine anxiété, que ce soit vis-à-vis du passé, ou du présent bloqué dans le roman *Wittgenstein's Mistress*, ou bien, dans *The Last Novel*, celui des incarcérations abusives à Abu Ghraib [MARKSON, 2007, p. 70], ou encore du réchauffement climatique ("global warming", *ibid.*, p. 123). Il tient à sa manière le registre des errements et des crimes de toute une époque.

Pour tenter de comprendre le silence que ces trois écrivains laissent entendre entre leurs paragraphes, on peut suivre l'analyse que Françoise Susini-Anastopoulos fait de l'écriture fragmentaire. Selon elle, les silences interstitiels entre des fragments sont de deux types : "il existe un silence de la Présence et un silence de l'Absence, un silence de l'excès et un silence du manque" (p. 223). Le premier "n'est pas privation, mais suspension consentie du discours" pour mieux mettre en valeur la densité des fragments et leur promesse de sens, tandis que le second constitue "un gouffre au seuil duquel vacille le sujet, il est signe de l'impensable, forme même de la folie, risque mortel" (*Ibid.*).

Dans la phrase sur l'étoile rose que son oncle fut forcé de porter en camp de concentration, le second silence résonne autour de l'énonciation, chargé de l'impensable, incohérent et désespéré au point de tronquer jusqu'à la phrase. De même, quand Markson dénonce les crimes des XXe et XXIe siècles, ses paragraphes s'inscrivent sur un fond de silence, qui interdit la vie et l'espoir aux générations suivantes, et annule la possibilité de la création. Dans ce sens, sa tétralogie est profondément pessimiste, même si sa forme fait école.

Dans d'autres passages, qui expriment au contraire une délectation profonde dans l'expérience de l'amour, le blanc que laisse la narratrice à la fin de la phrase tronquée (déjà citée) est de l'ordre de la plénitude : "We were working on an erotic song cycle. It was called : " (p. 117). Ce blanc typographique signifie une abondance de bonheur, une plénitude, une Présence que les mots ne peuvent que suggérer sans décrire. Dans *The Argonauts*, Nelson nomme l'écrivain Anne Carson en marge, la cite et commente sa citation : "*What exactly is lost to us when words are wasted?* Can it be that words comprise one of the few economies left on earth in which plenitude — surfeit, even — comes at no cost?" (p. 48). Dans cette conception, les mots ne coûtent rien, leur abondance ou même leur surabondance est dénuée de culpabilité. Même utilisés "à perte" ou pour rien (selon les sens de "wasted"), les mots éparpillés, les paroles en l'air, le bruit pour rien retiennent la générosité de tous les possibles. Nelson mentionne la conception du vide plein, selon Anne Carson : "leaving a space empty so that God could rush in" ; elle compare ce vide de la plénitude à l'art du bonsaï : "In bonsai you often plant the tree off-center in the pot to make space for the divine" (p. 49). Dans la conception zen du monde, l'espace vide est laissé au divin, et, dans les textes fragmentaires, il est laissé aux lecteurs, tel un espace de liberté ouvert à leur agentivité invisible.

Dans un volume d'essais sous forme fragmentaire également, Nelson explique que la libération à laquelle elle aspire est celle d'une perte de maîtrise, comprise comme un don : "the goal of our patient labor is not our own liberation per se, but a deepened capacity to give it away, with an ever-diminishing attachment to outcome." Elle met au centre de sa pensée la relation à autrui, qu'elle appelle : "the joys and pains of our inescapable relation" (*On Freedom*, p. 16-17). Son mode de composition fragmentaire prolonge le sens d'une relation de la vie à la page, jusque dans le processus de la lecture, parce que celle-ci repose particulièrement sur une mise en relation des fragments, comme on l'a dit.

Il est important de remarquer qu'une telle liberté d'agentivité a connu un développement récent dans un roman plus long. Publié en 2020, *Apeirogon*, de Colum McCann, est un récit dont les fragments narratifs sont organisés selon une logique qui semble éloignée de la politique, l'action se situant pourtant en Israël et en Palestine, à la suite d'attentats. Par deux fois, un enfant est mort dans un attentat, respectivement dans une famille juive et dans une famille musulmane. Les pères se lient d'amitié et fondent une association de dialogue entre les deux communautés en conflit. Et pourtant, les fragments détournent partiellement du sujet brûlant, parlent dès le début des oiseaux de plusieurs espèces, de leurs migrations, des souvenirs qu'ils évoquent chez des personnages à travers le monde, y compris dans une évocation sidérante du président François Mitterrand, qui, se sachant condamné, mangea des ortolans (espèce protégée) avant de se laisser mourir. Cumulativement, les fragments variés établissent des ponts inattendus et indirects entre des groupes ennemis, dans un pays de ségrégation territoriale et de conflit, en évitant jugement ou stigmatisation. L'émotion est tue, elle se situe dans les silences des espaces interstitiels entre les blocs de texte, qui parlent d'époques et de lieux différents, mais elle est bien présente à la limite du texte, dans sa composition, basculant d'un silence de l'absence à un silence de la présence, pour donner à lire un roman magnifique sur l'amitié.

Il y a trente-cinq ans, directement ou indirectement, Markson fut un précurseur d'une écriture fragmentaire qui fit école jusqu'à notre contemporain. Maso et Nelson sont chacune d'une génération ultérieure, leur style et leur ton sont très différents, mais elles partagent avec lui le désir de libérer le roman des contraintes de composition et de clôture, comme Laurence Sterne l'avait fait en son temps et à sa manière, avec *Tristram Shandy* (1759), mais aussi avec la structure itérative de son récit de voyage, *A Sentimental Journey Through France and Italy* (1768). Chaque époque élabore les nouvelles formes de sa liberté. Les silences qui soutiennent les romans de Markson, Maso et Nelson, ainsi que *Apeirogon* de Colum McCann, font figurer en creux les toiles invisibles tissées entre les humains et les structures de pouvoir dans le monde contemporain de l'écriture. Au fil d'une lecture très active et libre, nous sommes menés à repenser les liaisons d'un parcours de sens à chaque lecture suivie ou partielle, à chaque renvoi d'un fragment à un autre, en tous sens. Dans une composition souple et mouvante, chaque écrivain rend ainsi hommage à la vie, malgré tout ce qui l'empêche.

Laissons le mot de la fin à l'écrivaine contemporaine Joanna Scott, qui évalue ainsi l'œuvre de Markson, l'année de son décès, l'appelant "an artist of his time who has something to say to an audience beyond his time" (Scott, article en ligne).

ANNEXE : CHRONOLOGIE BIOGRAPHIQUE

(Tirée d'une correspondance privée, lettre à F. Palleau-Papin).

DAVID MARKSON—CHRONOLOGY—TO JULY 1998—ETC.

1927 Born, Albany, N.Y. 12/20

Father, Samuel A. Markson, newspaper editor; later securities salesman.

Mother, Florence Stone Markson, high school teacher.

Both originally from Kingston, N.Y.

1930. Sister, Rhoda, only sibling, born 11/27.

1932-1945 Public schools, Albany, N.Y.

Graduates Albany H.S., June 1945.

1944-45 Sports reporter/writer, Albany Times-Union.

1945 (July) – 1946 (Aug.) Union College, Schenectady, N.Y.

School still on WWII accelerated program, completes approx. two years' work in 14 months.

1946 (9/20) – 1948 (2/20) U.S. Army.

Basic training, Ft. Lee, Va., two mos.

Los Alamos, N.M., writer, Los Alamos Times, six mos.

N.Y.C., writer, Armed Forces Press Service, nine mos.

Discharged at rank of Staff Sgt.

1948-49 Reporter/writer, general news, Albany Times-Union.

1948-50. Union College. B.A. June 1950.

1951 (Jan.) – 1952 (Jan.) Columbia University. M.A. Feb. 1952.

Living on Morningside Dr.; then West 114th St., near Broadway.

1951 (June) Begins correspondence with Malcolm Lowry.

1952. A number of evenings with Dylan Thomas.

Summer, works as logger in Oregon. Week with Malcolm Lowry at Dollarton, B.C.

1953-54 Approx. 20 mos., editor, Western Printing & Litho Co.

Living: West 113th St., betw. Broadway and Riverside Dr.

1954 (Sept.) Lowry and wife spend two weeks at DM's NYC apartment en route to Europe.

1955 (Nov.) – 1957 (June) Editor, Magazine Management Co. (Lion Books).

Living: Greenwich St., two blocks from White Horse Tavern; then West 105 St., near Riverside Dr.

1956 *Women and Vodka*, ed. under pseud. Mark Merrill. (Reissued, 1963, as *Great Tales of Old Russia*, edited by D.M.)

First major magazine publication, short story, Saturday Evening Post, Sept.

(Considerable "men's magazine" publications previously.)

Marries Elaine Kretchmar, Sept. 30.

Move to 201 West 11th St., Greenwich Village.

1958 (Summer) thru 1961 (Summer) Mexico, three full years.

Living off Toluca Highway, just beyond western edge of Mexico City.

1959 *Epitaph for a Tramp.*

1960-61 Fellowship, Centro Mexicano de Escritores, Mexico City.

Writes full draft of *Going Down.*

1961 After several miscarriages, Elaine endures a stillbirth.

Summer, return to 201 West 11th St., NYC.

1961 *Epitaph for a Dead Beat.*

1961 (Dec.) -1962 (Jan.) –four weeks.

DM (solo) back to Mexico for work on screenplay; project cancelled.

1961-63 Jack Kerouac a sometime livingroom-couch sleeper-over.

1961-66 Frequent evenings with Conrad Aiken when he is in N.Y.

1963 Daughter, Johanna Lowry, born 2/2.

1964-66 Instructor, Long Island University, Brooklyn.

1964 Son, Jed Matthew, born 10/25.

1965 *Miss Doll, Go Home.*

(Written 1962; based on the screenplay for aborted Mexican Film project.)

1966 *The Ballad of Dingus Magee.*

Film rights sold to Metro-Goldwyn-Mayer, $75,000 (announced at $100,000)

1966 (July) – 1968 (Jan.) Europe.

Approx. two mos., London.

One month, Spain.

Two mos., Italy, mainly Florence, until after floods of Nov. 4, 1966, then Rome.

Eleven mos., London (Bloomfield Terrace, near Sloane Sq.).

One month, Spain.

Family returns to N.Y. in Dec. '67, DM solo for one month in London; work on contracted screenplay for Epitaph for a Dead Beat; project unfulfilled.

1968-82. Living at 39½ Washington Square So.

1969 Discovers the Lion's Head, journalists' and writers' bar, Sheridan Sq.

1970 *Going Down.*

Dirty Dingus Magee released, starring Frank Sinatra; total disaster, despite partial screen credit to Joseph Heller.

Only now meets William Kennedy, born exactly 27 days after him in Albany.

1971 Mid-February, mid-March. London and Rome.

London, work on *Dead Beat* screenplay; Rome for revisions on another, an original Western, written in past year.

Aug. Weekend at home of William Gaddis, Fire Island.

Sept. Los Angeles and New Mexico, final work on Western screenplay.

1972 Death of father in Albany.

Elaine opens literary agency, initially working out of bedroom.

Face to the Wind, Western based on DM's original screenplay, extremely low-budget, released by Warner Bros. Swiftly disappears. (Evidently title is changed on subsequent releases.)

1973 Bobo Newsom Memorial Fan Club established. DM named Commissioner.

1977 *Springer's Progress.*

1978 *Malcolm Lowry's Volcano: Myth, Symbol, Meaning.*

(Completed several years earlier.)

1979-1984, 1986-87 Teaches fiction-writing workshops, Columbia University.

1982 Separates from Elaine (though will not be officially divorced until 1994).

Moves to 215 West 10th St.

1982-1990 Six summers in East Hampton, one in Woodstock, with Joan Semmel, painter.

1985 Death of mother, in Florida.

Teaches fiction-writing workshop, the Writer's Voice, West Side YMCA, NYC.

1987 Winter, visit to Dominican Republic.

May, International Malcolm Lowry Symposium, University of B.C., Vancouver.

1988. *Wittgenstein's Mistress.*

(Completed 1983, published after 54 rejections.)

1989 Surgery, cataract, left eye, Jan.

Biopsy, prostate, March.

Surgery, lung cancer, April.

Surgery, prostate cancer, June.

Surgery, cataract, right eye, Oct.

1990 Fellowship, National Endowment for the Arts ($20,000).

"John Barth / David Markson" issue, *The Review of Contemporary Fiction.*

1991 Ends ten-year relationship with Joan Semmel, Nov.

1992 Private fiction-writing workshop.

Seventeen-page summary of career, reviews, etc., in *Contemporary Literary Criticism*, Vol. 67.

Speaks at N.Y. memorial for Frederick Exley, Sept.

1993 *Collected Poems.*

Radiation therapy, prostate cancer.

1994 Begins hormone therapy, prostate cancer.

1994, 1997-99 Teaching, fiction workshop, New School for Social Research.

1996 "Silent" heart attack, early summer.

Reader's Block.

Lion's Head closes.

1997 Grandson, Toby Freeman, born to daughter, 1/13.

2000 Second Grandson, Duncan Freeman, born to daughter, 5/6.

1st Granddaughter, Sydney Markson, born to son, 7/2.

Fellowship, New York Foundation for The Arts ($6,300).

2001 *This Is Not a Novel.*

2002 Met Françoise Palleau!!!

OUTILS

ERRATA

Pour le concours de l'agrégation et pour cet ouvrage, l'édition de référence est celle de 2023, qui comporte de nombreuses erreurs typographiques dont la liste ci-dessous permet d'éviter de les attribuer à l'auteur. La seule erreur de l'édition précédente portait sur le mot “pallet” (il faut lire “palette”). Cette erreur n'a pas été corrigée dans l'édition de 2023 et d'autres ont été ajoutées, vraisemblablement à cause d'une numérisation non relue. En voici la liste complète (*erratum*, suivi de la correction), par ordre alphabétique.

Amo : Arno (255)

Bidii : Bidu (236)

bom : born (42, 153, 163, 212, 213, 217)

bum : burn (15, 65, 70, 97, 255)

Calpumia : Calpurnia (34, 67, 208)

Diirer : Dürer (191)

Hebuteme : Hébuterne (115, 173, 260)

Lawn- mower : lawnmower (201)

Mile Eglantine : Mlle Eglantine (103)

more depressed than that : more depressed than that. (avec un point final, 245)

oveijoyed : overjoyed (209)

pallet : palette (29, 185)

peopie : people (230)

Scaman- dros : Scamandros (108)

Soren : Søren (107)

The Recognitions : *The Recognitions* (217)

tom-out : torn-out (263)

Weil : Well (156)

yam : yarn (27, 148)

David Markson, qui était précis et méthodique, aurait été outré d'une telle édition.

BIBLIOGRAPHIE

* Une étoile signale un article ou un ouvrage utile dans le cadre de la préparation au concours.

** Deux étoiles signalent les textes à consulter en priorité.

Si tous les ouvrages et articles de cette bibliographie n'ont pas été cités directement dans la présente étude, ils font néanmoins partie d'un corpus critique important pour les études sur David Markson, et peuvent permettre de développer l'étude de son œuvre.

Texte du roman

MARKSON, D., *Wittgenstein's Mistress* [1988], Dalkey Archive, Champaign, Illinois, 2023.

Traduction en français

WINCKLER, M., *La Maîtresse de Wittgenstein*, P.O.L., Paris, 1991.

Autres ouvrages ou textes de David Markson

Romans

**Epitaph for a Tramp* [1959] & *Epitaph for a Dead Beat* [1961], *The Harry Fannin Novels*, Shoemaker & Hoard, Emeryville, Californie, 2007.

The Ballad of Dingus Magee [1965], Counterpoint, Berkeley, 2008.

Miss Doll, Go Home, Dell, New York, 1965.

Going Down [1970], Shoemaker & Hoard, Washington, D.C., 2005.

****Springer's Progress** [1977], Dalkey Archive, Normal, Illinois, 1990.

****Reader's Block**, Dalkey Archive, Champaign, Illinois, 1996.

**This Is Not a Novel*, Counterpoint, Washington, D.C., 2001.

**Vanishing Point*, Shoemaker & Hoard, Washington D.C., 2004.

**The Last Novel*, Shoemaker & Hoard, Emeryville, Californie, 2007.

Poèmes

Collected Poems, Dalkey Archive, Normal, Illinois, 1993.

Critique littéraire

Malcolm Lowry's Volcano: Myth, Symbol, Meaning, Times Books, New York, 1978. [Version revue et corrigée du mémoire de M.A. soutenu par Markson à Columbia University en 1952.]

Textes de D. Markson autour de *Wittgenstein's Mistress*

"Reviewers in Flat Heels: Being a Postface to Several Novels", *The Review of Contemporary Fiction* 10.2, été 1990, pp. 124-130.

**"Healthy Kate", *The Review of Contemporary Fiction* 10.2, été 1990, pp. 131-144.

Correspondance

LEDDY, A., "Collector's Note: The Joan Semmel Papers". *Archives of American Art Journal* 53.1/2, 2014, pp. 136-39.

LOWRY, M. Lettres à David Markson (1951-1957), *Sursum Corda! The Collected Letters of Malcolm Lowry*, dir. Sherrill E. Grace, vol. 2, Jonathan Cape, Londres,1996. Cf. en particulier les lettres n°*461, 462, 464, *467, *500, *652, *705 [NB. Inclut seulement les lettres de Lowry à Markson.].

MOORE, S., *Steven Moore Papers on David Markson, 1973-2010. Series 1: Correspondence-Markson to Moore, 1985-2010*, Columbia University Rare Book and Manuscript Library, New York.

PALLEAU-PAPIN, F. Lettres de David Markson, inédites.

*SIMS, L., *Fare Forward: Letters from David Markson*, powerHouse Books, Brooklyn, 2014.

Entretiens

DUPLAY, M. "'The Willingness to Take Chances', A Conversation with David Markson". *La Fureur et la Grâce. Lectures de Malcolm Lowry*, dir. Josiane Paccaud-Huguet. Classiques Garnier, Paris, 2017, pp. 417-427.

Feldman, B., “Markson’s New Way”. *Review of Contemporary Fiction* 10.2, été 1990, pp. 157-163.

Harlin, T., “Interview with David Markson”, *Conjunctions*, 21 juin 2007 (en ligne, consulté le 10 mai 2023).

Krim, S., “A Letter to Holt, Rinehart and Winston”, *Review of Contemporary Fiction* 10.2, été 1990, pp. 192-194.

McEvoy, D., “Wittgenstein’s Author”, *PW Interview, Publishers Weekly*, 1er mars 2004, pp. 44-45.

Rubin, J., “An Interview with David Markson”, *Bookslut*, juil. 2005, pp. 1-7.

Sims, L., “Author Speaks: an interview with David Markson”, *Rain Taxi* 12.2, été 2007, pp. 32-35.

Tabbi, J., “An Interview with David Markson”, *The Review of Contemporary Fiction* 10.22, été 1990, pp. 104-123.

Vidéo

“David Markson Reads at the 92nd Street Y”, 5 novembre 2007 : https://www.youtube.com/watch?v=6o5NUGt78SA (consulté le 10 mai 2023).

Biographie

Il n’existe pas pour l’heure de biographie de David Markson, hormis une esquisse dans l’ouvrage de Palleau-Papin, F., 2007, à partir d’archives inédites ; voir le document en annexe de cet ouvrage. Ses relations avec Malcolm Lowry sont évoquées dans l’ouvrage suivant :

Bowker, G., *Pursued by Furies. A Life of Malcolm Lowry*, HarperCollins, Londres, 1993; voir en particulier le chapitre xxii, “The Voyage That Never Ends. 1951-1952”, pp. 479-536.

Études critiques sur David Markson

Thèse de doctorat

**CORDIER-NOËL, S., *Pour une poétique du lien dans l'écriture fragmentée de David Markson (1927-2010)*, dir. Marie-Christine Lemardeley, Université Sorbonne Nouvelle, Paris, soutenue le 5 nov. 2011, inédite.

Études sur l'œuvre de David Markson

Ouvrages

GREEN, J., *Late Postmodernism: American Fiction at the Millennium*, Palgrave Macmillan, New York, 2005; voir en particulier le chap. IV, "Late Postmodernism and Cultural Memory", pp. 117-162.

**PALLEAU-PAPIN, F., *Ceci n'est pas une tragédie. L'écriture de David Markson*, ENS Éditions, Lyon, 2007 ; trad. par l'auteur (édition revue), *This is Not a Tragedy. The Works of David Markson*, Dalkey Archive, Champaign, Illinois, 2011 ; deux chapitres sur *Wittgenstein's Mistress,* dont : "En attendant la mouette", pp. 147-191.

Articles et chapitres d'ouvrages

BOCCIA, M., et TABBI, J., dirs., "John Barth/David Markson Number", *Review of Contemporary Fiction* 10. 2, été 1990, pp. 91-254.

BUTSCHER, E., "David Markson's Volcano: Going Down", *Review of Contemporary Fiction* 10.2, été 1990, pp. 187-191.

COSTA, R. H., "Unsafe Sex and Contraceptive Aesthetics in David Markson's Springer's Progress", *Review of Contemporary Fiction* 10.2, été 1990, pp. 202-206.

*DEMPSEY, P., "Novelist of Shreds and Patches. The Fiction of David Markson", *The Hollins Critic*, 42.4, oct. 2005, pp. 1-14.

*DUPLAY, M., "'Accept the Illusion': Recollection and Reprise in Going Down by David Markson", *Rewriting/Reprising in Literature: The Paradoxes of Intertextuality*, dirs. C. Maisonnat, A. Ramel et J. Paccaud-Huguet, Cambridge Scholars, Newcastle upon Tyne, 2009, pp. 91-101.

*DUPLAY, M., "'At the Still Point': Illegibility and the Poetics of Non-Reading in the Novels of David Markson and Malcolm Lowry", *Modernism and Unreadability*, dirs. I. Alfandary et A. Nesme, Presses Universitaires de la Méditerranée, Montpellier, 2011, pp. 145-156.

*DUPLAY, M., "Pathologies of Knowledge: David Markson, Under the Volcano, and the Experience of Thought", *Malcolm Lowry's Poetics of Space*, dirs. R. J. Lane et M. Mota. University of Ottawa Press, 2016, pp. 61-70.

ELIAS, C., "The Graveyard of Genre: David Markson's Postmodern Epitaphs", *Reconstruction: Studies in Contemporary Culture* 5.1, hiver 2005, (en ligne, consulté le 8 juillet 2023).

FELDMAN, B., "Markson's New Way", *Review of Contemporary Fiction* 10.2, été 1990, pp. 157-163.

FULLER, M., et GORIUNOVA, O., "Irresolvability". *Bleak Joys: Aesthetics of Ecology and Impossibility*, University of Minnesota Press, 2019, pp. 51-74.

GARZA, C. R., "Undead Authors: The Autobiographical and David Markson (1927–2010)", trad. Robin Myers, *The Restless Dead: Necrowriting and Disappropriation*, Vanderbilt University Press, Nashville, 2020. pp. 97-111.

HONIG, D., "Markson's Progress", *Review of Contemporary Fiction* 10.2, été 1990, pp. 249-253.

*MALONE, T., *The Scofield Issue 1.1, David Markson and Solitude*, été 2015 (en ligne sur gridserver.com, consulté le 26 avril 2023).

MCGONIGLE, T., "Knowing a Writer". *Review of Contemporary Fiction* 10.2, été 1990, pp. 247-248.

**MOORE, S., "David Markson and the Art of Allusion", *Review of Contemporary Fiction* 10.2, été 1990, pp. 164-178.

MOORE, S., "Afterword", *Wittgenstein's Mistress*, Dalkey Archive, Normal, Illinois,1988. pp. 243-248.

PALLEAU-PAPIN, F., "La fragmentation des mythes nationaux dans l'écriture de David Markson et W.G. Sebald", dirs. D. Aubert et H. Quanquin, *Refaire l'Amérique, imaginaire et histoire des États-Unis*. Presses Sorbonne Nouvelle, Paris, 2011, pp. 223-239.

Palleau-Papin, F., "Ceci n'est pas une autobiographie : image et mémoire dans Reader's Block de David Markson", *Image et mémoire : littérature et arts des États-Unis (xxe-xxie siècles)*, dir. F. Sammarcelli, Presses Universitaires de Paris Sorbonne, coll. "Americana", Paris, 2008, pp. 145-156.

Palleau-Papin, F., "Textual Intercourse in Springer's Progress by David Markson", *(R)apports textuels*, GRAAT 32, 2007, pp. 55-65.

Palleau-Papin, F., "The Writing of Guilt in Going Down by David Markson." *Cultures de la confession : formes de l'aveu dans le monde anglophone.* Dirs. Sylvie Mathé et Gilles Teulier. Aix-en-Provence : Publications de l'U de Provence, 2006, pp.181-190.

Palleau-Papin, F., "La mise en scène de l'écriture dans les trois derniers romans de David Markson : *Reader's Block* (1996), *This is Not a Novel* (2001), *Vanishing Point* (2004)", *Cahiers de Charles V* 38, juin 2005, pp. 163-186.

*Palleau-Papin, F., " David Markson et le bovarysme", *Madame Bovary. Le bovarysme et la littérature de langue anglaise*, Dirs. N. Terrien et Y. Leclerc, Presses Universitaires de Rouen, Rouen, 2004, pp. 219-228.

Pilkington, W. T., "Aspects of the Western Comic Novel", *Western American Literature* 1.3, 1966, pp. 209–217 [Sur *The Ballad of Dingus Magee*, 1965].

*Profit, M.-C., "Vers une écriture du silence : trois romans de David Markson", *Cahiers de Charles V* 29, déc. 2000, pp. 65-87.

**Sims, L., "David Markson and the Problem of the Novel" *New England Review* (1990-) 29.3, 2008, pp. 58–70.

*Tabbi, J.,"Solitary Inventions: David Markson at the End of the Line", *Modern Fiction Studies* 43.3, 1997, pp. 745–772.

Tabbi, J., "David Markson: An Introduction", *Review of Contemporary Fiction* 10.2, été 1990, pp. 91-103.

**Tissut, A.-L., "Reader's Block de David Markson : le ressac de l'écriture-lecture", *GRAAT* 32, 2007, pp. 41-53.

Whitten, L. H., "Markson and Lowry: Proximity and Distance", *Review of Contemporary Fiction* 10.2, été 1990, pp. 179-183.

Études sur *Wittgenstein's Mistress*

Articles et chapitres d'ouvrages

**DUPLAY, M., "*Wittgenstein's Mistress* de David Markson ou la crise de la critique", *La critique, le critique*, dir. E. Baneth-Nouailhetas, Presses Universitaires de Rennes, Rennes, 2005, pp. 129-143.

**DUPLAY, M., "Une femme à sa fenêtre: l'obsession du visible dans Wittgenstein's Mistress de David Markson", *Les Formes de l'obsession dans la littérature anglaise et américaine*, dir. M. Amfreville, Michel Houdiard, Paris, 2005, pp. 87-99.

DUPLAY , M., "David Markson, *Wittgenstein's Mistress* et la technologie de la pensée", *Conversations entre la littérature, les arts et les sciences*, dir. L. Dahan-Gaida, Presses Universitaires de Franche-Comté, Besançon, 2006, pp. 171-186.

DUPLAY , M., "'Equidistant from each other' : l'abstraction impossible dans Wittgenstein's Mistress de David Markson", conférence inédite, "Abstractions", Sorbonne Université, Paris, 26-27 novembre 2004.

GRACE, S. E., "Messages: reading *Wittgenstein's Mistress*", *Review of Contemporary Fiction* 10.2, été 1990, vol 207, pp. 216.

LEMIEUX, A., "Wittgenstein, philosophe des romanciers", *Recherches sémiotiques / Semiotic Inquiry*, volume 30, numéro 1-2-3, "L'éthique du care", 2010, pp. 147-164 (en ligne sur erudit.org).

PALLEAU-PAPIN, F., "Waiting for Nothing (David Markson)", *Golden Handcuffs Review* 2.12, automne-hiver 2009, pp. 228-236.

SCOTT, J., "A Passionate Reader: On David Markson", *The Nation*, section Books & The Arts, 1er novembre 2010, en ligne le 13 octobre 2010, en ligne.

*SULLIVAN, E. E., "*Wittgenstein's Mistress* and the Art of Connections", *Review of Contemporary Fiction* 10.2, été 1990, pp. 240-246.

*WALLACE, D. F., "The Empty Plenum: David Markson's *Wittgenstein's Mistress*", *Review of Contemporary Fiction* 10.2, été 1990, pp. 217-239.

Recensions (sélection)

de *Wittgenstein's Mistress*

Clark, T., *Conjunctions* 14, 1989, pp. 283-285, JSTOR: http://www.jstor.org/stable/24515065 (consulté le 26 avril 2023).

de *Reader's Block* (1996)

"Front Matter", *James Joyce Literary Supplement* 12.1, 1998, JSTOR: http://www.jstor.org/stable/26634663 (consulté le 26 avril 2023).

de *This Is Not a Novel* (2001)

Gibbons, J., "*This Is Not a Novel*", *Bookforum* 8.1, printemps 2001, p. 27.

de *Vanishing Point* (2004)

Malin, I., *Review of Contemporary Fiction* 24.2, été 2004, pp. 131-132.

Nussbaum, E., "Experimental Fiction's Test Pilot", *The New York Times Book Review*, 22 février 2004, p. 16.

de *The Last Novel* (2007)

Texier, C., "Old. Tired. Sick. Alone. Broke", *New York Times Book Review*, 8 juillet 2007, p. 16.

Philosophie

*Chauvire, C., *Ludwig Wittgenstein*, Seuil, coll. "Les Contemporains", Paris, 1989.

Laugier, S., "La question d'une subjectivité sans psychologie", *Europe : Ludwig Wittgenstein*, n° 906, octobre 2004, pp. 106-120.

Lock, G., *Wittgenstein. Philosophie, logique, thérapeutique*, P.U.F., Paris, 1992.

Raïd, L., "Wittgenstein et Dostoïevski : l'exploration formelle de la subjectivité", *Europe : Ludwig Wittgenstein*, n° 906, octobre 2004, pp. 121-129.

Russell, B., "Introduction." *Tractatus Logico-Philosophicus*, Routledge Classics, Londres et New York, 2001, p. ix-xxv.

WITTGENSTEIN, L, *Philosophical Investigations* [1953], trad. G. E. M. Anscombe, Wiley-Blackwell, Hoboken, 2009.

WITTGENSTEIN , L., *Recherches philosophiques* [1953], trad. F. Dastur, M. Elie, J.-L. Gautero, D. Janicaud et E. Rigal, Gallimard, Paris, 2005.

WITTGENSTEIN , L., *Tractatus logico-philosophicus* [1921], trad. D. F. Pears et B. F. McGuinness, Routledge, Londres, 2001.

WITTGENSTEIN , L., *Tractatus logico-philosophicus* [1921], éd. et trad. C. Chauviré et S.Plaud, dir. S. Laugier, Flammarion, Paris, 2021.

Autres ouvrages et articles de référence

BARTHES, R., *S/Z*, Le Seuil, Paris, 1970.

BARTHES, R., *Leçon*, Le Seuil, Paris, 1978.

BECKETT, S. *Collected Shorter Plays*, Faber & Faber, Londres, 1983.

BONNARD, M., "Les influences réciproques entre sainte Thérèse et saint Jean de la Croix", *Bulletin Hispanique*, tome 37, n°2, 1935, pp. 129-148.

BOUCHARDON, S., "La valeur heuristique de la littérature numérique", mémoire d'HDR, Université de Technologie de Compiègne, 2012.

CATHER, W., *Not Under Forty*, Knopf, New York, 1936.

COPPIER, A.-C., "Rembrandt et Spinoza", *Revue des Deux Mondes*, tome 31, 1916, pp. 160-191.

DILLARD, A., *Pilgrim at Tinker Creek*, Harper & Row, New York, 1974.

DUFFY, B., *The World As I Found It* [1987], New York Review Books Classics, New York, 2010.

ECO, U., *L'œuvre ouverte*, trad. C. Roux de Bézieux, Le Seuil, Paris, 1965.

GADDIS, W., *The Recognitions* [1955], Penguin Books, New York, 1993.

GEFFEN, A. *Réparer le monde : la littérature française face au XXIe siècle*, Corti, Paris, 2017.

JANOCHA, M., *L'enseignement de saint Jean de la Croix sur les images et les tableaux d'El Greco*, trad. Nina Brzostowska-Smólska, *The Pontifical University of John Paul II in Cracow Digital Library*, Cracovie, 2016.

KLEMPERER, V., *LTI: la langue du IIIe Reich*, trad. E. Guillot, Press Pocket, Agora n°202, Paris, 2003.

LANDOW, G. P., *Hypertext 3.0: Critical Theory and New Media in an Era of Globalization*, Johns Hopkins University Press, Baltimore, 2006.

LEVI-STRAUSS, C., *La Pensée sauvage*, Plon, Paris, 1962.

MASO, C., *AVA*, Dalkey Archive, Normal, Illinois, 1993.

MASO , C., *Aureole*, City Lights Books, San Francisco, 1996.

MASO , C., *Break Every Rule: Essays on Language, Longing, & Moments of Desire*, Counterpoint, Washington D.C., 2000.

MASO , C., *Beauty is Convulsive. The Passion of Frida Kahlo*, Counterpoint, New York, 2002.

MCCANN, C., *Apeirogon*, Random House, New York, 2020.

NELSON, M., *The Red Parts. Autobiography of a Trial* (2007), Graywolf Press, Minneapolis, 2017.

NELSON , M., *The Argonauts*, Graywolf Press, Minneapolis, 2015.

NELSON , M., *On Freedom. Four Songs of Care and Constraint*, Jonathan Cape, Londres, 2021.

PERLOFF, M., *21st-Century Modernism: The New Poetics*, Blackwell, Malden, 2002.

PERLOFF , M., *The Futurist Moment. Avant-Garde, Avant Guerre, and the Language of Rupture. With a new preface*, The University of Chicago Press, Chicago, 2003.

RUSSO, L., et REED, M., *Counter-Desecration, A Glossary for Writing within the Anthropocene*, Wesleyan University Press, Middletown, Connecticut, 2018.

SEDGWICK, E. K., *Fat Art, Thin Art*, Duke University Press, Durham et Londres, 1994.

SHANE, C., "Free Fallin': Maggie Nelson's essays on life, liberty, and the pursuit of indeterminacy", *Bookforum*, Sept/Oct/Nov. 2021, online 7 Sept 2021 https://www.bookforum.com (consulté le 30 juin, 2022).

SUSINI-ANASTOPOULOS, F., *L'écriture fragmentaire. Définitions et enjeux*, Presses Universitaires de France, Paris, 1997.

Éditions Atlande
F - 92200 Neuilly
www.Atlande.eu

Achevé d'imprimer sur les presses de Laballery
à Clamecy (Nièvre) en octobre 2023.
Numéro d’impression : 310113

Dépôt légal octobre 2023.